本书受以下基金项目资助：
国家社会科学基金项目（10CJY019）
2015年湖北省政府智力成果采购重点资助项目（HBZZ-2015-02）
2012年度湖北省教育厅人文社会科学研究项目（2012G421）
湖北省教育科学“十二五”规划2011年度立项课题（2011B026）
2012年度湖北省教育厅科学技术研究项目（B20129603）

员工工作不安全感问题研究

刘雪梅 著

WUHAN UNIVERSITY PRESS
武汉大学出版社

图书在版编目(CIP)数据

员工工作不安全感问题研究/刘雪梅著．—武汉：武汉大学出版社，2015.12
ISBN 978-7-307-17393-4

Ⅰ.员…　Ⅱ.刘…　Ⅲ.企业—职工—心理健康—研究
Ⅳ.①F272.92　②R395.5

中国版本图书馆 CIP 数据核字(2015)第 296866 号

责任编辑:唐　伟　　责任校对:汪欣怡　　整体设计:马　佳

出版发行：**武汉大学出版社**　（430072　武昌　珞珈山）
（电子邮件：cbs22@whu.edu.cn　网址：www.wdp.whu.edu.cn）
印刷：虎彩印艺股份有限公司
开本：720×1000　1/16　印张:13　字数:185 千字　插页:2
版次：2015 年 12 月第 1 版　　2015 年 12 月第 1 次印刷
ISBN 978-7-307-17393-4　　定价:28.00 元

作者简介

刘雪梅，女，副教授，管理学博士，硕士研究生导师。现在中南财经政法大学工商管理学院/MBA学院从事教学科研工作，主要研究方向是薪酬管理与组织文化。曾在《高等教育研究》、《研究与发展管理》、《农业经济问题》、《宏观经济研究》、《科技进步与对策》、《经济经纬》等期刊上公开发表学术论文30余篇；已出版个人专著2部，主编教材1部，参编教材或著作4部。主持湖北省社会科学基金项目、湖北省政府智力成果采购重点资助项目、中央部属高校基本科研业务费专项资金项目、湖北省教育厅人文社会科学研究项目、湖北省教育科学“十二五”规划立项课题、湖北省教育厅科学技术研究项目、武汉市软科学计划项目、中南财经政法大学“研究生创新教育计划”等多个项目；作为主要参加人参与国家社会科学基金项目3项、参与教育部人文社会科学研究项目4项。

前　　言

信息革命、经济全球化和一体化使得世界发展的步伐越来越快，人类社会的变革也越来越快。为适应快速变化，争取有限资源，“竞争”成为唯一的选择。竞争这张网络已覆盖了社会中所有存在的组织和个人，无法摆脱。在这样的环境中，企业必须不断变革才能得以生存和发展，但企业在变革的同时却给员工造成一种无助感，一种对未来工作持续性和重要工作特征丧失可能性的担忧。同时，员工因经常处于过度紧张状态，容易引发身心衰竭，导致工作倦怠，而工作倦怠不仅会对个体造成严重的身体和心理伤害，更会对组织产生极为深刻的消极影响。因此，保持员工良好的工作态度和热情对企业的顺利发展至关重要，特别是对于我国正处于经济转型期的企业。中国企业员工的工作不安全感是一个五维结构，包括工作丧失不安全感、工作执行不安全感、薪酬晋升不安全感、过度竞争不安全感与人际关系不安全感，其中过度竞争不安全感和人际关系不安全感体现出了明显的本土特色。这就需要中国企业一方面减少员工担忧发生的可能性，另一方面防止其进一步恶化。而情绪调节自我效能感作为一种特殊的自我效能感，也是个人信念体系的一个因子，也必然受到个体的影响。情绪调节自我效能感在某种程度上对个体态度和行为的影响作用成为个体获得成功的一个决定因素，尤其是积极、稳定的情绪、自我效能可以帮助个体积极主动地调整其行为，增强对环境的适应，而关于情绪调节自我效能感的作用机制还缺乏相关的理论和实证研究，本研究具有重要的理论和现实意义。

本书将工作不安全感与工作倦怠联系起来，以工作压力为传输桥梁，探讨工作不安全感影响工作倦怠的作用过程，以期通过干预压力这个作用机制对处于经济转型期的中国企业解决和控制员工倦怠问题提供最为有效的措施和思路；同时，本研究探讨了在高度不安全感的环境下，情绪调节自我效能感对个体负向情绪及行为的影响以及它们之间是否存在或者存在着什么样的作用机制。

本书在阐述研究背景和理论根据的基础上，通过调查和访谈，共收集到339份有效问卷，对工作不安全感、工作压力和工作倦怠进行实证分析；以我国大学生新员工群体为样本进行问卷调查，共收集到210份有效问卷，对工作不安全感、情绪调节自我效能感和离职倾向之间的关系进行实证分析，结论如下：

（1）本书通过因子分析验证了工作不安全感、工作压力和工作倦怠三个量表的结构。其中工作不安全感包括数量性工作不安全感和质量性工作不安全感两个层次构念；工作压力包括焦虑、疲劳、忧郁、低自尊四个层次构念；工作倦怠包括情感衰竭、玩世不恭和低职业效能感四个层次构念。

（2）工作不安全感、工作压力及工作倦怠总体分析结果显示，我国员工的工作不安全感、工作压力和工作倦怠均达到中度水平。其中质量性工作不安全感、疲劳和情感衰竭较其他构念表现更为突出，再次使“情感衰竭是工作倦怠的核心”这一观点得到验证。

（3）人口统计变量和其他控制变量：婚姻状况、学历、工龄、工作性质在员工工作不安全感方面差异显著；年龄、婚姻状况、学历、工龄、企业性质、工作性质在员工工作压力方面差异显著；年龄、婚姻状况、学历、工龄、工作性质在员工工作倦怠方面差异显著。

（4）积差相关分析结果表明，员工工作不安全感与工作倦怠显著正相关，且各维度之间显著正相关；员工工作不安全感与工作压力显著正相关，且各维度间显著正相关；员工工作压力与工作倦怠显著高度正相关，且各维度之间显著正相关。

（5）工作不安全感对工作压力和工作倦怠都具有显著的影响作用，工作压力对工作倦怠也影响显著，这一结论通过回归分析得以论证，说明工作不安全感和工作压力是影响工作倦怠的重要原因。具体到各维度：①工作不安全感对工作压力和工作倦怠的各层面构念均影响显著；②质量性工作不安全感对工作压力中的焦虑、疲劳、低自尊以及工作倦怠中的低职业效能感影响显著；③焦虑对工作倦怠的三个层面构念存在显著影响；④疲劳和忧郁对工作倦怠中的情感衰竭和玩世不恭产生显著影响；⑤低自尊只对工作倦怠中的低职业效能感存在显著影响。

（6）从整体分析来看，工作压力在工作不安全感对工作倦怠的影响机制过程中发挥部分中介效用，但从各维度分析来看，中介效用影响力度不同：工作压力在数量性不安全感和工作倦怠三个构念间发挥完全中介效用，数量性工作不安全感对工作倦怠各维度只有间接影响作用；工作压力在质量性工作不安全感与低职业效能感之间，部分中介效应显著。

（7）本书通过验证性因子分析验证了工作不安全感、情绪调节自我效能感和离职倾向三个量表的结构。其中工作不安全感包括数量性工作不安全感和质量性工作不安全感两个层次构念；情绪调节自我效能感包括调节积极情绪的自我效能感、调节沮丧/痛苦情绪自我效能感以及调节生气/愤怒情绪自我效能感三个层次构念；离职倾向为单维度变量。

（8）工作不安全感、情绪调节自我效能感和离职倾向总体分析结果显示，员工的工作不安全感、情绪调节自我效能感和离职倾向均达到中度水平。其中质量性工作不安全感、调节消极情绪自我效能感较其他变量表现更为突出。相关分析结果表明，员工工作不安全感与离职倾向有显著的相关关系，且其中的质量性工作不安全感与离职倾向存在显著正向相关关系；情绪调节自我效能感与离职倾向之间有显著的相关关系，且调节消极情绪自我效能感的两个维度与离职倾向之间也显著负相关。

根据以上结论，本书建议中国企业管理者从两大方面、五个角度解决企业员工工作压力和倦怠高居不下的难题。即从抓住源头（工作不安全感和工作压力形成）和控制过程（情绪调节自我效能感的调节机制）两个方面，针对建立工作不安全感评估体系、构建绿色沟通渠道、强化组织和团队支持、提升自我压力管理能力以及情绪调节自我效能感在人力资源管理实践中的应用五个角度提出了有效的解决方式和管理策略。

目　　录

第1章 引　　言

1.1 研究背景

“工业革命”是世界发展历史中的里程碑，是人类社会变革的开端。它将社会的发展和人类的生活带入了全新的时代，同时也致使前进的脚步再也无法“慢下来”。20世纪60年代以来，快速的技术变革和激烈的全球竞争使得企业员工的工作环境和工作性质发生了深刻变化。20世纪六七十年代，工作场所纷纷引进新的科学和工艺技术，特别是计算机技术得到广泛应用。新技术的应用减少了企业对劳动力的需求，限制了那些低技能员工的选择，也使员工在工作中积累的经验变得无用（Givorda和Maurinb，2004）。80年代，随着经济全球化的巨大转变，许多企业经历了兼并、收购、战略联盟和私有化的变革过程。到90年代，在遭受经济萧条冲击之后，企业开始缩减规模或采用阻滞行为来维持生存，并开始进行结构重组。进入21世纪，许多企业持续进行结构重组和缩减规模，纷纷采用转包合同和外包等灵活雇佣形式，缩小和限制定期合同和长期雇佣的范围与需求，以寻求在日益剧增的全球化市场竞争中获得成功（Kate Sparks等，2001）。2008年前后，席卷全球的金融风暴，进一步加快了企业裁员和缩减规模的步伐，企业希望通过降低成本来维持生存。在企业此般重组、裁员、并购甚至关闭、停产的氛围中，人们越来越强烈地意识到，企业（或雇主）与员工之间的关系越来越脆弱，长期稳定的雇佣关系已成明日黄花（Hacker和Jacob，2006）。信息革命、经济全球化、一体化，世界发展的步伐越来越快，人类社会的变革也越来越快。为适应快速变化，争取有限的资源，“竞争”成为唯一的选择。这张竞争网络覆盖了社会中所有存在的组织和个人，无法摆脱。一方面，企业面对社会经济不稳定，为减轻金融危机、欧债危机的影响，不断进行变革：合并、分立，甚至裁员，员工时刻处在动荡的工作环境中；另一方面，在激烈的竞争压力下，员工不但难以晋升，反而却时刻面临降职或降薪的危险。这些因素都可能导致员工产生一种无助感，一种对未来工作持续性和重要工作特征丧失可能性的担忧，而这种现象就是工作不安全感。员工不再能够期盼与企业具有安全的终身雇佣关系，不再能够期盼工作内容和职业发展永久可靠。前程无忧的一项《职场不安全感调查》显示，67%的职场人表示经常会有工作不安全感，31%的职场人表示偶尔会有职场不安全感，而仅有2%的职场人自感心理强大，毫无不安全感①。当然，不同企业性质和处于不同职业发展周期的员工导致工作不安全感的原因并不相同，但庞大的工作不安全感群体却不容忽视。正如耶鲁大学经济学教授罗伯特·J. 希勒（2004）所言：“工作不安全感成为我们这个时代的显著特征。”

工作不安全感（Job Insecurity）是组织快速发展、增加灵活性和提高竞争力的必然结果，也是工作、生活发生剧烈变化的产物。大量研究表明，工作不安全感带来的负面效应是多方面的，既有短期的也有长期的，既影响员工的身心健康（无形压力和病征正悄然侵扰看似健康的职场人士：不同程度的焦虑、失眠、多疑、压抑……有人选择忽略，有人逃避，有人隐忧），也会影响员工的工作态度和组织行为，进而影响企业的业绩。工作不安全感对员工的心理健康和生理健康都会形成极大的威胁，工作不安全感作为一种压力源，短期内就使员工产生情绪（焦虑、紧张、不满意）、生理（心跳加速、儿茶酚胺分泌增多）和行为（药物使用、旷工、不专注）等方面的负面反应，从长期来看，这些反应的累加效应将对员工的身心健康产生更加持久、显著的消极影响（Heaney 等，1994）。

① http：//www. workercn. cn2011/10/17.

竞争的加剧、生活节奏的加快使得员工经常处于过度紧张状态，进而引发身心衰竭，形成工作倦怠。当前，“工作倦怠”已不是一个新兴词汇，而成为一个世界范围内普遍存在的社会现象。《2009年中国职场人士工作倦怠现状调查报告》调查数据结果显示，工作倦怠的人数达到调查总体的76.6%。其中，61%的职场人士感到工作压力较大，下班后深感精疲力竭；近66.7%的职场人士对自己从事的工作越来越不感兴趣，并对自己所做的工作意义持怀疑态度①。这些数据充分说明工作倦怠存在的普遍性，尚未得到良好的解决。大量研究表明，工作倦怠会直接影响个体的健康状况，表现出一系列的生理反应，同时也会造成个体失去工作乐趣、情绪波动大、极易产生疲惫感等心理反应，而这些反应极可能表现在行为方面，如对工作敷衍了事、焦虑、缺乏进取心等。此外，员工工作倦怠也会对组织产生极为深刻的消极影响：绩效下降、工作效率下降、组织满意度和组织承诺降低等。面对员工的倦怠现状，如何缓解和控制员工的工作倦怠仍是组织人力资源管理的一项非常重要的内容。

中国的就业形势十分严峻，特别是20世纪90年代初以来，再就业群体、新生就业群体、农民工群体等劳动力大军的压力日益凸显（杨燕绥和赵建国，2006）。严峻的就业形势和失业威胁增强了员工工作的可替代性，加大了企业选择员工的余地，这些不确定性进一步加深了中国员工的工作不安全感。当前，我国正处于经济转型期，作为经济构成中的重要主体——企业，要想在产业结构调整中继续生存，员工优质而高效的产出至关重要，而这一目标的实现则需要员工保持良好的工作态度和热情。然而，企业快速转型的压力可能在一定程度上引发员工对企业未来的担忧，甚至造成员工严重的心理问题，从而丧失对工作的热情，阻碍企业的顺利发展。因此，对企业而言，如何减少员工的担忧并防止其进一步恶化将非常关键。同时，员工的工作倦怠并不是瞬间形成的，而需要经过一定

① 《2009年中国职场人士工作倦怠现状调查报告》，http://news.xinmin.cn/rollnews/2010/08/09/6210577.html.

的积累。也就是说，员工工作不安全感不一定会引发倦怠，只要企业能够对该过程进行干预，员工倦怠的问题将得到有效解决。而压力理论模型描述了从压力源到压力反应的全部过程，压力可能就是员工不安全感和倦怠间的传输桥梁。倘若如此，干预压力这个作用机制将对处于经济转型期的企业解决和控制员工倦怠问题提供最为有效的措施和思路。

那些初入职场的大学生新员工，是一个庞大的群体，他们生于中国特定的社会条件下，沐浴着改革开放的春风长大，随着扩招，面临来自四面八方的压力和各种诱惑（事业、家庭、住房等），这一代被“荣誉”地冠以“80后”、“90后”的称谓，并且有着独特的社会价值观、工作价值观和个性特征，是职场上的新兴力量，是各个领域中不可或缺的一群人，是自信、早熟、独立、张扬、叛逆、崇尚自由、主张自主、个性突出、不惧权势、流动意愿强、责任感和自我约束力弱的一代，角色的转换使这些职场新人不知所措。《2012中国薪酬白皮书》显示，作为职场的新生代，中国“80后”、“90后”员工正遭遇“成长的烦恼”，离职率达30%以上，高出平均水平5%，离职率整体偏高，甚至出现了越年轻换工作越勤的情况。

情绪调节理论一直是反映情绪和行为间关系的影响因素，所以调节情绪的研究便有了存在的意义，自我效能感就是重要的影响因素之一（Heuven、Bakker、Schaufeli和Huisman，2006）。当个体相信自己能够通过调节调整出自己理想的情绪状态，他才会去进行情绪调节，这就是对情绪调节能力的信念与认知，即情绪调节自我效能感（RES）。情绪调节自我效能感目前是一个新的关注热点，是个体对能否有效进行调节自身情绪状态的一种自信程度。意大利心理学家卡普拉拉认为个体在管理日常生活情绪方面存在较大差异的原因主要有两点：一是个体的管理技巧；二是不同个体调节自身情绪的能力感不同，这种能力感取决于影响个体情绪调节实际效果的信念，该效能感不仅在一定程度上维护自我调节机制，而且可以有效应对压力、提高主观幸福感、改善人际关系质量，并对亲社会行为或抑郁等发挥重要的作用。本书从积极的角度来探讨情绪调节自我效能感与工作不安全感和离职倾向之间的关系，重在强调积极的正向作用，减少消极影响的产生。因此，本研究是有一定价值的，研究的结论可以为工作不安全感与情绪调节自我效能感相关研究领域贡献微薄的力量，也可以为管理者和个人有针对性地采取干预措施提供理论依据和思路。

1.2 研究目的

工作环境的剧烈变化，竞争意识的强化，使人们不再拥有令人羡慕的“铁饭碗”，对工作持续性和未来前途的担忧成为人们普遍存在的心理问题。事实证明，这种担忧将会对个体和组织造成消极影响，改变个体的态度和行为，阻碍组织变革，造成组织效能下降。但与对组织造成的影响相比，对个体的消极影响可能更大，不仅可能损害个体的身体健康，更可能造成心理层面的严重危害（如工作倦怠），甚至导致员工离职。那么，这种担忧到底会对个体造成何种程度的危害，又是怎样形成这种危害的，组织是否可以采取某些措施对担忧的源头进行控制或者干预这一过程的影响机制？基于这样的疑问，本书将在文献研究的基础上试图解决这些问题，以期实现以下目的：

第一，进行工作不安全感、工作压力和工作倦怠的相关文献梳理，进行工作不安全感、情绪调节自我效能感和离职倾向相关文献梳理，形成较为全面的文献综述。

第二，运用 SPSS 等统计软件对相关数据进行分析处理，具体研究工作不安全感对工作倦怠是否存在直接影响，以及工作不安全感各维度对工作倦怠各维度是否存在直接影响。此外，在工作不安全感和工作倦怠关系的基础上，以工作压力为中介变量，进一步探讨工作不安全感到工作倦怠间的作用机制和影响机制。同时研究工作不安全感各维度对离职倾向是否存在直接的影响以及多大程度的影响，在工作不安全感与离职倾向关系的基础上，以情绪调节自我效能感作为调节变量，进一步研究工作不安全感、情绪调节自我效能感和离职倾向之间存在的关系以及影响机制。

第三，在研究结论的基础上，为防止员工将工作不安全感转化为工作倦怠，提出相应的管理对策，帮助企业降低工作不安全感造成严重危害的可能性，同时在员工已形成工作倦怠时，提供有效的管理建议予以缓解，从而使员工保持良好的工作状态，解除企业管理实践的困惑。预防员工的离职行为，帮助企业降低工作不安全感带来的负面影响，同时注重管理员工自身情绪来改善这种消极的影响，从而使员工保持积极的情绪与良好的工作状态，同时帮助企业快速形成充满凝聚力的文化氛围。

1.3 研究意义

1.3.1 理论意义

随着学者们对组织中个体行为研究的深入，许多现象得到了较为合理的解释，如工作不安全感的形成过程和组织后果以及工作倦怠的产生原因等，大量的理论模型更为这些现象的出现提供了学术溯源。然而，现有的研究结论并不能解释全部的行为现象，因此，本书的研究将具有十分重要的理论意义，不但可以丰富诸多理论的研究内容，更可为以往研究成果提供有益的补充和说明，具体表现如下：

第一，关于工作不安全感的结果变量研究很多，但却比较单一，大量研究集中在组织变量层面，如组织承诺等。涉及个体层面结果变量的研究较少，且多关注于工作投入变量，显然这与积极组织行为学和积极心理学的兴起有关。然而，对于工作投入的对立面——工作倦怠，很少有学者予以关注。因此，本书采用实证数据探究工作不安全感与工作倦怠的关系，研究结论可补充工作不安全感和工作倦怠的理论空白。对于工作不安全感与离职倾向两个变量的研究，很少存在调节变量及中介变量的探讨，还很少有学者把工作不安全感与情绪调节自我效能感结合起来，尤其是关于大学生新员工这一国家未来中坚力量的群体，针对性研究却不多见。

第二，本书并不仅限于研究工作不安全感与工作倦怠的关系，这二者间的作用机制和影响机制更是本书的研究重点。因此，本书以工作压力的视角进一步探求工作不安全感和工作倦怠的关系，通过对压力框架中“黑箱”作用过程的研究清晰阐明作为压力源的工作不安全感是如何通过工作压力对结果变量——工作倦怠产生影响的。与其他大量相关实证研究相比，本研究将各变量之间的关系阐述得更加清晰，也更加全面，同时也更利于企业在人力资源管理实践过程中找到适合而有针对性的管理方案。

情绪调节自我效能感变量尚处于新兴领域，尤其是国内研究，截至2013年4月，在中国期刊网中输入“情绪调节自我效能感”进行关键词搜索，仅查到十多篇相关的文献。这十多篇文献，都是单纯地进行情绪调节自我效能感的理论研究以及该理论研究的展望，很少涉及实证研究，因此，本书通过对已有文献的回顾与分析，拟采用实证研究的方法，把多个变量放在一个框架内进行研究，探讨情绪调节自我效能感、工作不安全感与离职倾向的关系，更有实用性和针对性，不仅拓宽了员工工作不安全感对离职倾向影响的研究视角，而且也为情绪调节自我效能感的研究贡献微薄的力量。综上所述，本书将会具有重要的理论意义和实践意义。

1.3.2 现实意义

随着社会分工的更加细化，企业员工的工作内容可能在较长时间内不会发生变化，加之竞争日益激烈，工作压力增大，倦怠不可避免，这样必然导致员工个人绩效受到影响，而更进一步，组织整体绩效也会受到牵连。因此，员工工作倦怠问题不容忽视。为解决这一问题，理论界和实践界均努力进行尝试，并产生一些有效措施，然而，员工压力日益增加，员工倦怠比例仍高居不下，这成为人力资源管理实践的难题。为适应激烈的国际竞争，国内各型企业也处于变革之中，这也给我国企业员工带来越来越强烈的工作不安全感。Probst 和 Lawler（2006）根据 Hofstede 的四种文化维度模型，指出中国文化在集体主义维度以及不确定性规避维度上的程度都偏高。他们在研究中证实，具有集体主义价值观的雇员由于更为需要联系和更为重视保障，因而会遭受工作不安全感的更多消极影响。他们还指出，在高不确定性规避的文化氛围中，组织成员偏好低的工作流动性和终生雇佣制度，因而也将受到工作不安全感的更多消极冲击。

由此可见，正确地认识工作不安全感的本质及其危害，并制定预防或者干预措施，已是实践层面上刻不容缓的现实问题。是否存在新的路径解决员工工作压力和工作倦怠问题，这需要进行新的探索和研究。有研究表明，已产生倦怠的个体不愿改变现状，进行自我调节，如果任其发展，倦怠程度加深，最终可能导致心理崩溃。在这种情况下，组织应采取怎样的措施呢？我们认为，每一种压力均有其真实的原因，只有指出它的真实原因加以化解，才能真正解决压力和倦怠的问题。情绪调节自我效能感的研究正在被越来越多的学者重视，研究大学生新员工的情绪调节自我效能感与离职倾向，对管理企业新员工的高离职行为有重要的现实指导意义。

工作环境的不稳定使得企业员工处于人人自危的状态，金融危机、欧债危机的爆发威胁着人们工作的延续性，在这种情况下，不安全感成为企业员工的普遍生存现状。而工作不安全感的恶化就可能导致其他更为严重的身体或心理影响，也就是说，工作不安全感可能就是造成员工压力和倦怠的真实原因。倘若如此，企业就可以有的放矢，采取正确而有效的措施进行干预，防止工作不安全感的产生，或者对工作不安全感转化为工作倦怠的过程加以控制，降低工作不安全感恶化为工作倦怠的可能性，激发员工内在的积极心理力量，从根源上解决员工压力和倦怠的问题，从而保证企业高效运作和持续发展。而其他企业也可将本书的研究结论和管理对策加以借鉴和实施，使其发挥更广泛的意义和作用。本研究针对特征群体强调情绪调节自我效能感在工作不安全感与离职倾向关系中的作用，结论有助于加深人们对工作不安全感的了解，从而为企业制定更具有针对性的预防措施提供思路，为大学生新员工的离职提出建设性的策略，降低工作不安全感对大学生新员工身心健康及组织的负面影响，促进企业长久稳定发展。

因此，本书的研究具有重要的现实意义，书中所提出的研究结论和管理对策可应用于企业状况诊断、人员测评与开发、员工心理援助计划等相关工作，从而有利于促进企业员工身心健康和组织长效发展的双赢局面。本书的研究结果将有助于人们加深对工作不安全感本质及作用机制的了解，可为企业解决压力和倦怠问题的实践过程提供广泛而有效的思路，从而降低工作不安全感对民众生活和社会改革化进程所带来的消极影响，维护社会的安定团结与和谐发展。

1.4　研究总体思路及创新点

1.4.1　研究框架

本书的研究框架和思路如图 1-1 所示。

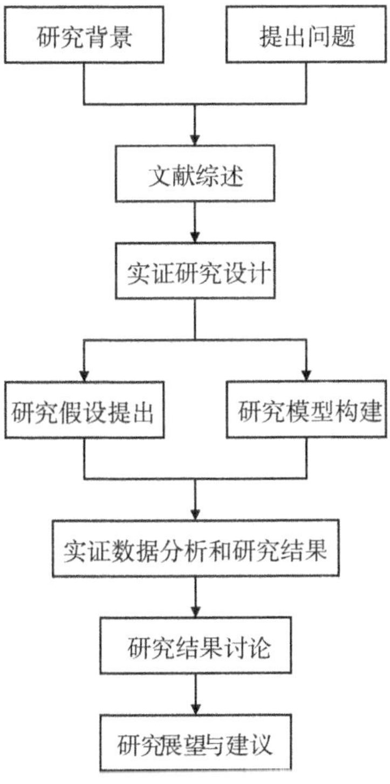

图 1-1

1.4.2 结构安排

本书结构安排如下：

第一章，绪论。主要阐述本书的研究背景、研究目的、研究意义及研究创新点。

第二章，文献综述。系统梳理关于工作不安全感、工作压力和工作倦怠的以往研究成果，并就这三者及三者间关系的理论研究进行简单评述。

第三章，工作不安全感对工作倦怠影响机制的实证研究。立足于前文的文献综述和理论基础，进行理论构思，提出本书的研究假设与理论模型。同时简单介绍了本书用于实证研究的问卷设计和发放情况。运用 SPSS 等统计软件对工作不安全感、工作压力和工作倦怠三变量之间的关系进行实证研究，研究方法主要涉及描述性统计分析、因子分析、单因子方差分析、积差分析、回归分析以及中介效应分析。

第四章，工作不安全感与离职倾向之间的关系的实证研究。运用 SPSS 等统计软件对工作不安全感、情绪调节自我效能感与离职倾向三变量之间的关系进行实证研究，研究方法主要涉及描述性统计分析、因子分析、单因子方差分析、积差分析、回归分析以及中介效应分析。

第五章，研究结果讨论。结合第三章和第四章的实证研究结果进行分析讨论，阐述研究数据中蕴涵的理论意义和实践意义。

第六章，研究结论、建议与展望。概括总结本书的研究结论，并结合我国企业实际提出相应的管理建议。最后指出本书的研究不足与未来研究展望和发展空间。

1.4.3 主要创新点

本书最重要的研究结论就是通过实证研究，探讨员工工作不安全感、工作压力和工作倦怠的关系，探讨大学生新员工工作不安全感、情绪调节自我效能感与离职倾向之间的关系。具体创新点如下：

第一，运用实证研究探讨工作不安全感与工作倦怠是否存在直接关系。

已有文献中关于工作不安全感的研究不在少数，但最初工作不安全感组织模型的研究导向，使得学者们更关注工作不安全感的组织层面结果变量，对个体层面的关注略显不足。同时因为积极心理学和积极组织行为学的兴起，学者们将研究重点开始向工作投入倾斜，而作为工作投入的反面现象，工作倦怠的研究却十分缺乏。因此，本书将通过实证数据研究工作不安全感与工作倦怠的关系，以及工作不安全感各维度对工作倦怠各维度的影响，以进一步丰富工作不安全感和工作倦怠的相关研究内容。

第二，以工作压力为中介变量探讨工作不安全感与工作倦怠关系的作用机制和影响机制。

工作压力的大量相关研究中，多数文献仅仅限于压力源与压力反应（结果变量）二者的简单关系研究，但事实上，压力作用过程是一个复杂的系统，有关压力作用机制过程的研究并不多。学者们往往关注压力源会对个体和组织层面的哪些结果变量造成影响，却忽略了造成这种影响机制的过程。因此，本书不但关注工作不安全感是否与工作倦怠存在直接关系问题，更关注工作不安全感与工作倦怠之间的影响机制和作用机制。如果仅重视压力源和压力反应的关系，那么压力框架中的“黑箱”仍然是一个“黑箱”，只有将这个“黑箱”打开，才能对以往关于压力的各种研究结果和变量关系做出更好的解释。故而，本书的研究结论不但能够丰富工作不安全感和工作倦怠的研究内容，更是对工作压力理论研究的有益补充。

第三，情绪调节自我效能作为调节变量。在以往对工作不安全感调节变量的研究中，多数探讨组织层面在工作不安全感对结果变量的调节或者中介作用，很少将情感变量作为调节变量研究，本研究拟探讨情绪调节自我效能感对离职倾向的影响以及情绪调节自我效能感在工作不安全感与离职倾向中的调节作用，是一次大胆的尝试，也是本研究主要的创新之处。

第2章 文献综述

2.1 工作不安全感研究综述

2.1.1 工作不安全感的概念及其内涵

工作不安全感的研究发端最早可追溯到学者们对工作安全感（或工作保障）的关注。在经济大萧条时期，已可见一些有关工作保障的早期研究成果。例如，Chant 在 1932 年指出，管理者将“稳定的工作”列为对于任何工作而言都最为重要的 12 个因素之一（Bultena，1998）。Hersey 在 1936 年也指出，他所研究的绝大多数不论工会的还是非工会的雇员都将“有保障的工作”列为其工作中第二重要的事项（Bultena，1998）。1940 年到 1960 年，随 Hawthome 的研究而后兴起人际关系学派激发了学者们对员工工作满意感和动机的全新研究兴趣。例如，在 Maslow（1954）经典的需要层次理论中，工作保障被看成是一种安全需要，一旦基本的生理需要得到满足，他就开始对人们产生激发作用。根据 Maslow 的阐述，安全需要包括“对于一份有任期和有保障的工作的共同偏好”（Bultena，1998）。McGregor 在 1960 年证实了工作保障作为雇员安全需要的一个成分的重要性，而 Super 在 1957 年甚至将工作保障看成是“一个占主导性的需要，是人们工作的主要原因”（转引自 Bultena，1998）。在随后的 20 多年中，工作保障被看成是外在保健因素之一，或者是工作满意感的一方面，或者是一种工作特征。例如，在 Herzberg 的双因素理论中，工作保障不是一个动机源，而是一个保健因素，当它缺乏时，可能导致工作不满意感。

Herzberg对200位会计和工程师的访谈进行内容分析，结果表明工作保障是最为重要的保健因素（Bultena，1998）。而在Hackman和Oldham的（1974）的工作特征量表中，工作保障被看成是工作满意感的一个显著方面。在这份量表中，工作保障与报酬、社交、管理和成长等其他四个因素共同构成对工作满意感的总体评估（转引自Bultena，1998）。最后，在Jurgensen（1978）对工作应征者从1946年到1975年历时30年所进行的调查中，工作保障被看成是一个工作特征。他将数据分成6个以5年为限的间隔，结果发现工作保障在最初的4个间隔（1946年到1965年）里，位列11个工作特征中的第一位，在最后的两个间隔中（1966年到1975年）也排在第二重要的位置（Bultena，1998）。早期研究成果表明，"稳定的工作"是员工非常重视的工作特征之一（胡三嫚，2008）①。在对工作安全感的研究中，学者们逐渐开始考虑到其相反面，即工作不安全感对员工和组织的影响。直至20世纪80年代，工作不安全感这一概念才得到研究者的真正重视。

目前，对于工作不安全感的界定还未形成统一的认识。Greenhalgh和Rosenblatt（1984）在其研究中首次提出工作不安全感的概念，认为工作不安全感是一种处于受威胁情景当中，对维持希望的工作持续性的无力感②。此界定一经提出，便得到了广泛的引用和延伸，同时也饱受争议。归纳而言，后继学者对工作不安全感的认识集中于以下几个方面：

第一，工作不安全感的整体概念和多面概念。

从直观上而言，工作不安全感是对未来雇佣持续性的担忧（Roskies和Louis-Guerin，1990；Rosenblatt和Ruvio，1996；Salter，1998），这一认识得到广泛认可。然而，一些学者认为工作不安全感是一种整体上的担忧，这种担忧体现在雇佣关系的解除或者工作

① 胡三嫚．工作不安全感及其对组织结果变量的影响机制［D］．华中师范大学博士学位论文，2008.

② Greenhalgh L，Rosenblatt Z. Job security：toward conceptual clarity［J］. Academy of Management Review，1984，9（3）：438-448.

本身的持续性上；Greenhalgh 和 Rosenblatt 等学者则认为工作不安全感是多面的，既包含现有工作丧失的威胁，也包含有价值的工作特征（如职业发展、个体-组织匹配等）丧失的威胁，整体概念无法真实反映工作不安全感的内涵。工作不安全感的两方面划分得到众多研究者的赞同，其中认可度最高的是 Hellgren J、Sverke M 和 Isaksson（1999）关于“数量性工作不安全感”和“质量性工作不安全感”的划分①。数量性工作不安全感指对现有工作持续性的担忧，质量性工作不安全感指对影响雇佣质量因素的担忧，这一提法恰好与 Greenhalgh 和 Rosenblatt 的观点相吻合。

第二，工作不安全感是否为一种压力源。

压力研究者认为除了真正失去工作会给员工造成压力以外，对未来工作持续性的担忧也会给员工造成压力——因不确定性而产生的压力。正如 Roskies 和 Louis-Guerin（1990）在一篇研究中所言：未来失去工作的担忧对员工造成的伤害不亚于事实上的失去工作②。因此，他们认为工作不安全感是工作场所中最重要的一种压力源（Abramis，1994；Ashford、Lee 和 Bobko，1989）。尽管学者们对这种不确定和压力之间是否存在线性关系意见不一，但不确定会导致强压力的观点得到普遍认可。

同时，在压力源观点的基础上，又衍生出了急性与慢性压力源的讨论。Mantler 和 Matejicek（2005）③ 认为工作不安全感是一种急性压力源，当组织经历剧变时，员工会产生对未来工作稳定性的强烈担忧。而 Rocha（2006）认为工作不安全感有时是一种普遍化

① Hellgren J，Sverke M，Isaksson K. A tow-dimensional approach to job insecurity：consequences for employee attitudes and well-being［J］. European Journal of Work and Organizational Psychology，1999，8（2）：179-195.

② Roskies E，Louis-Guerin C，Fournier C. Coping with job insecurity：how does personality make a differernce［J］. Journal of Organizational Behavior，1993，14（7）：617-630.

③ Mantler J，Matejicek A，Matheson K，Anisman H. Coping with employment uncertainty：a comparison of employed and unemployed workers［J］. Journal of Occupational Health Psychology，2005，10（3）：200-209.

的感受，一些因素（经济衰退、社会高失业率等）可能延长员工个体感知的不确定感，这就是慢性工作不安全感。一些看似稳定、不具有威胁性的组织也会存在（Kinnunen，2000）。Rocha（2006）的调查报告显示，员工的工作不安全感可能会随着时间的推移而好转，但慢性工作不安全感引起的焦虑和担心往往会产生更为深远的消极影响①。

第三，工作不安全感的客观视角和主观视角。

一些学者主张从客观视角看待工作不安全感，即认为工作不安全感是一种独立于个体体验与解释的情境现象（Witte 和 Naswall，2003）②。与此相反，更多研究者认为工作不安全感是一种主观感知的现象，建立在员工对环境的认知和反应之上，不同个体的感受和体验存在较大差异（Sverke 和 Hellgren，2002）。在两种对立观点的基础上，一些学者尝试将两种视角相结合来界定工作不安全感。Mohr（2000）探讨了四种类型的工作不安全感，认为工作不安全感可以基于个体主观认知和体验，也可以归于客观情境③。其他学者（Rosenblatt 和 Ruvio，1999；Roskies 和 Louis-Guerin，1990）也为主观与客观不安全感关联性研究提供了实证支持，研究表明雇佣形式越稳定，组织风险越低，个体感知的不安全感水平越弱。而 De Witte 和 Naswall（2003）的一项研究表明，高水平不安全感的正式员工比临时雇佣员工的工作满意度和组织承诺更低。因此，他们认为对于工作不安全感的内涵，从个体主观感知和客观

---

① Rocha C，Crowell J H，Mccarter A K. The effects of prolonged job insecurity on the psychological well-being of workers [J]. Journal of Sociology&Social Welfare，2006，33（3）：9-28.

② De Witte H，Naswall K. 'Objective' vs. 'Subjective' job insecurity：consequences of temporary work for job satisfaction and organizational commitment in four European countries [J]. Economic and Industrial Democracy，2003（24）：209-312.

③ Mohr G B. The changing significance of different stressors after the announcement of bankruptcy：a longitudinal investigation with special emphasis on job security [J]. Journal of Organizational Behavior，2000，21（3）：337-359.

情境相结合的角度出发是最为恰当的。

第四，工作不安全感的认知性和情感性。

Probst（2003）等学者认为工作不安全感主要是个体对工作持续性的感知，在感知的基础上进一步产生情绪反应，因此，他认为工作不安全感的知觉性足以解释其内涵①。另一些学者认为认知性和情感性都是重要的，是不可分割的，特别是那些并不担心丧失工作的个体（Sverke、Hellgren 和 Naswall，2002）。Borg 和 Elizur（1992）将工作不安全感划分为认知工作不安全感和情感工作不安全感，前者指的是一种知觉和判断；后者指的是一种感受，该界定进一步深化了工作不安全感的内涵，完整了从认知到反应的过程，但其划分的正确与否还需进一步讨论和研究。

鉴于本书的研究需要，本书将采用 Hellgren J、Sverke M 和 Isaksson（1999）提出的工作不安全感概念，即将其划分为数量性工作不安全感和质量性工作不安全感。

2.1.2 工作不安全感的测量

由于理论界对工作不安全感的界定尚未形成统一意见，因而工作不安全感的测量方法和工具也不尽相同。总体来看，大致可分为以下两类：

2.1.2.1 单维度视角

一些学者比较关注从整体的视角阐述工作不安全感，即可能性的认知（Mohr，2000）或失去工作的担忧（Rosenblatt 和 Ruvio，1996），因而主张用单维度的视角对工作不安全感进行测量。单维测量工具从一个项目到几个项目不等，其中引用最为广泛的是 Caplan 于 1975 年开发的四个题项量表，主要反映个体对他们工作和职位安全的确定程度。Lim（1996）对 Caplan 的四项目量表进行了改进，编制了六项目量表，用以测量个体对未来工作可持续性的

① Probst T M. Development and validation of the job security index and the job security satifaction scale：a classical test theory and IRT approach［J］. Journal of Occupational and Organizational Psychology，2003，76：451-467.

担忧。而测量失去工作可能性的代表量表有 Johnson（1984）的七项目量表、Van Vuuren（1990）的四项目量表和 Mohr（2000）开发的单项目量表。这些量表对于测量工作不安全感的整体感知程度有较好的效果，但对于理解其内在本质的贡献不大。

2.1.2.2 多维度视角

多维度视角的测量工具多是基于 Greenhalgh 和 Rosenblatt 的观点构建而来，即工作不安全感不仅包括对工作持续性的担忧，也包括对有价值的工作特征丧失的担忧。最早的多维度量表是 Lahey（1984）编制的五维度、共计 44 个项目的量表，这五个维度分别是公司对个体的关心、工作持久性、工作业绩、公司成长性和个体承诺。尽管这一量表为后续研究者提供了一些新思路，但缺乏对工作不安全感本身和其影响因素的辨识，将二者混为一谈。

Greenhalgh 和 Rosenblatt（1984）在研究中提出工作不安全感的操作性定义，认为工作不安全感是对潜在威胁的认知程度与抵制威胁无力感的乘积。在此基础上，Ashford、Lee 和 Bobko 于 1989 年编制了包含 57 个项目的精细化量表，将工作不安全感划分为五个方面：工作本身的重要性、失去工作本身的可能性、工作特征的重要性、失去工作特征的可能性以及无力感，通过三个分量表（工作特征量表、整个工作量表和无力感量表）加以测量。而工作不安全感的最终结果 = {（$\sum$ 工作特征的重要性×失去工作特征的可能性）+（$\sum$ 工作的重要性×失去工作的可能性）} ×无力感。该测量工具得到后续研究者的广泛运用，具有相当重要的影响力。同时，也有学者对该量表提出质疑，认为其缺乏简洁性，且计算过程较为复杂。

Borg 和 Elizur（1992）将工作不安全感划分为两个维度：认知工作不安全感和情感工作不安全，并形成相应的分量表。该量表共 5 个项目，前 3 个项目来自 Cartwright 等人开发的压力量表，后 2 个项目来自 Mauno 等人开发的量表。由于该量表仅将工作不安全感进行简单区分，缺乏对个体工作具体方面的影响（Rosenblatt 和 Ruvio，1996），运用尚不广泛。

另一种运用较为广泛的多维度量表是 Hellgren、Sverke 和 Isaksson（1999）开发的七项目量表，包括两个维度：数量性工作不安全感和质量性工作不安全感。二者分别指对失去工作本身和有价值工作特征的担忧。这种区分方法具有重要的意义，对后者的进一步细分可能成为未来的理论研究方向之一（Sverke、Hellgren 和 Naswall，2002）。此外还有 Rokies 和 Louis-Guerin（1990）编制的五项目单维量表，主要检验有价值工作特征五个方面的威胁：工作终止、提前退休、降职、工作条件和长期工作不安全感。

国内学者研究工作不安全感起步较晚，测量工具相对缺乏。最为重要的是国内学者胡三嫚（2008）根据中国本土员工情况编制的工作不安全感量表，包含 30 个项目，分别考察工作丧失、工作执行、薪酬晋升、过度竞争和人际关系五个方面不安全感状况。该量表具有良好的信效度，是引用最多的国内本土化测量工具。

2.1.3 工作不安全感的理论模型

工作不安全感的理论模型最早由 Greenhalgh 和 Rosenblatt 于 1984 年提出，主要涉及工作不安全感的来源与结果，以及影响这一传导过程的调节变量。因模型中比较关注组织层面变量，因此该模型被称为工作不安全感的组织模型（见图 2-1）。

首先，该模型指出工作不安全感来源于三种客观威胁信息（正式的组织声明、无意的组织线索和谣言），这些客观威胁经过个体理解而转化成主观威胁，转化过程中受到个体差异和对工作依赖程度的调节影响。其中个体差异包括控制点、保守主义、工作取向、归因倾向和安全感需要五种变量；对工作的依赖包括职业流动性和经济不安全感变量。同时，个体的主观威胁感引起了工作不安全感的相关体验（努力程度下降、离职倾向以及抵制变革），进一步造成组织有效性降低（生产率下降、离职率增加以及阻碍变革、适应性降低等）。而在主观威胁造成工作不安全感的消极体验和结果过程中，个体差异、个体对工作的依赖程度以及社会支持同样发挥着调节作用。另外，组织有效性的降低使得客观威胁进一步深化，导致进入下一轮恶性循环。

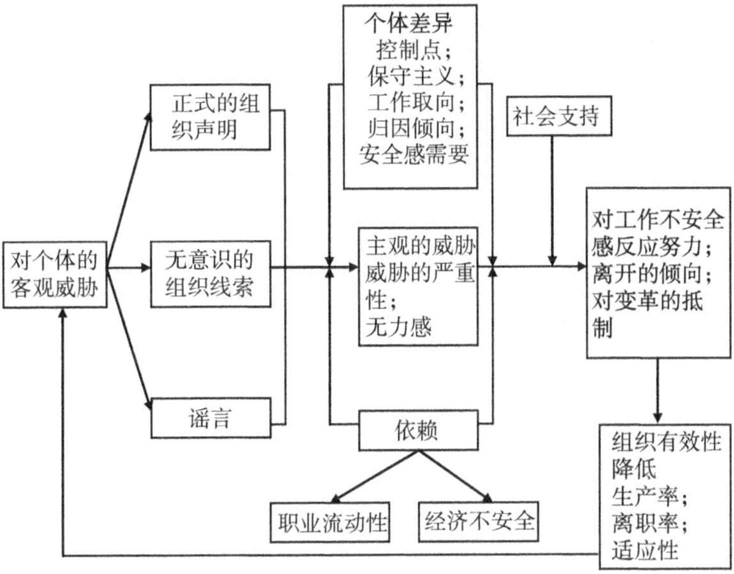

图 2-1

工作不安全感组织模型的出现促进了后继学者的大量系统研究，丰富了组织模型的内容，增强了逻辑合理性。Sverke 和 Hellgren（2002）在归纳已有工作不安全感文献和理论的基础上，提出了工作不安全感的整合模型（见图 2-2），该模型以主观、多维的工作不安全感视角为前提，通过客观环境和主观体验的交互作用产生工作不安全感，最终导致员工态度转变、幸福感下降及组织方面的消极影响。

2.1.4 工作不安全感的前因变量

从 Greenhalgh 和 Rosenblatt（1984）首次提出工作不安全感的组织理论模型开始，工作不安全感的来源和影响因素便成为后继学者们的研究重点。综观这三十多年的研究成果，工作不安全感的前因变量大致可分为三类：组织因素、工作因素和个体因素。

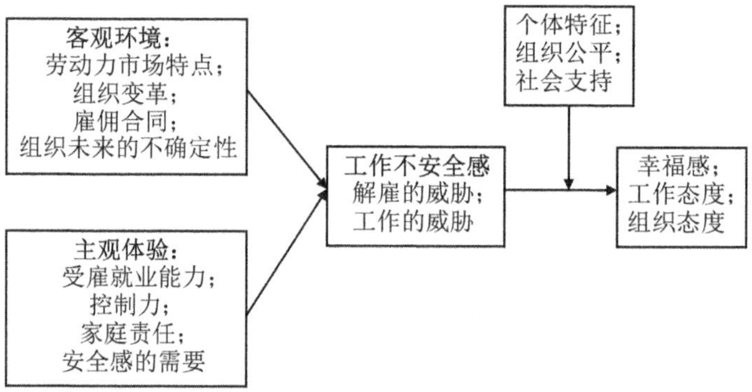

图 2-2

2.1.4.1　组织因素

组织因素被学者们普遍认为是决定工作不安全感最为重要的影响因素，主要涵盖组织变革和组织条件两方面。前者指缩减规模、兼并、重组，以及新技术创新和管理模式改变等情况造成的变革（Pasewark 和 Straeser，1996）。根据工作不安全感组织理论模型，由于变革造成员工对未来的不确定增加，客观环境的变化进一步影响了主观工作不安全感感知。大量实证研究结果证明组织变革是工作不安全感重要的前因变量。Greenhalgh 和 Rosenblatt（1984）研究发现裁员、兼并、重组等变化会引起员工产生工作不安全感。Ashford、Lee 和 Bobko（1989）以审计员、护士和卫生员为研究对象，发现缩减规模等组织变革正向影响工作不安全感。其他学者（Roskies 和 Louis-Guerin，1990；Brockner、Grover 和 Reed，1992）也研究证实裁员与工作不安全感高度相关。

组织条件指组织沟通、信任、组织经营现状等因素。这些因素也会影响员工的控制感，进而引发员工的工作不安全感。一些学者研究发现组织沟通与工作不安全感负相关（Schweiger 和 Denisi，1991；Adams 和 Roebuck，1997），另一些学者通过较长时间（2~3 年）对不同类型企业（工厂、银行、医疗部门）的调查发现，组织沟通并不是工作不安全感的影响因素，工作不安全感无法通过组织沟通来预测，但组织的经营状况对工作不安全感具有预测效力，且二者正相关（Kinnunen、Mauno 和 Natti，1999；2000）。此外，有学者研究发现社会宏观因素能够对员工工作不安全感产生影响，如失业率的降低可以缓解大众的工作不安全感（Wallace 和 Fullerton，2002）。

2.1.4.2 工作因素

工作因素包括工作卷入、角色冲突和角色模糊等也会对工作不安全感产生影响。研究表明，工作卷入的程度越深，员工工作不安全感负面作用越强（Probst，1998）。反之，员工由于担忧未来工作的持续性，为避免这一可能性的发生，通常会表现出较高的工作卷入（Mauno 和 Kinnunen，2002）。此外，极端角色冲突和角色模糊会导致高度工作不安全感，这是因为角色冲突和角色模糊会影响员工对工作的控制感。Pasewark 和 Strawser（1996）以会计人员为调查对象，研究角色冲突和工作不安全感的关系，发现二者明显正向相关。也有学者实证研究得到相反结论，二者不存在相关关系，但角色模糊与工作不安全感却是正向相关的（Ashford、Lee 和 Bobko）。通过上述已有文献结论发现，工作因素作为前因变量的研究并不多，且成果出入较大，需要进一步检验和论证。

2.1.4.3 个体因素

个体因素包括个性特征和人口统计学变量两个方面。关于工作不安全感的研究中，涉及个体特征的文献数量有限，只有少量研究控制点和自尊等变量与工作不安全感关系的文献。如 Ashford、Lee 和 Bobko（1989）通过研究控制点与工作不安全感的关系发现，二者呈现负相关。Kinnunen 和 Mauno（1999，2002，2003）等通过纵向实证研究（2~3 年）支持了自尊对工作不安全感的解释作用，即员工自尊水平越低，工作不安全感的程度越强，且二者的负向影响作用在 2~3 年内保持稳定。

人口统计变量是学者们普遍关注的影响因素，特别是年龄和性别两个变量。多数研究结论一致，30~50 岁的雇员通常体会到更高程度的工作不安全感（Sverke 和 Hellgren，2006），这是因为在此年龄段的员工需要承担较多的家庭责任。而性别方面，研究成果也较为一致，即男性比女性更易体验到工作不安全感，这是传统的社会分工所造成的（De Witte，1999；Rosenblatt、Talmud和Ruvio，1999）。对于这一结论，也有学者提出质疑，现代一些女性也在承担较多的社会及家庭责任，她们同样会感受到较高水平的工作不安全感（Magnus和Sverke等，2006）。此外，人口统计学变量中的其他一些因素，如教育水平、婚姻地位及部门等也会对工作不安全感造成一定程度的影响。

2.1.5 工作不安全感的结果变量

工作不安全感的压力理论、组织理论和大量实证研究证明，工作不安全感会造成诸多纵向和横向的消极影响。不管是笼统的关系研究，还是以某些视角（如影响的时间范围：即时反应和长期反应；影响对象）进行的结果变量研究，从中都可归纳出工作不安全感造成的影响后果大致划分为两大类：个体层面和组织层面。

2.1.5.1 个体层面

学者们对工作不安全感造成的个体层面影响结果的研究非常之多，大致集中在以下几个方面：身体健康、心理健康及工作态度等。

工作不安全感是一种重要的压力源，大量研究成果表明，工作不安全感会对员工个体造成身体，乃至心理健康危害，具体表现为呼吸困难、心跳加快、头痛等，高水平工作不安全感还可能导致心肌梗死等疾病。关于工作不安全感和身体健康关系的研究中，多数采用员工自陈量表进行测量，导致结论中二者的相关程度不一，但基本结论是一致的，即工作不安全感与身体健康负相关（Ashford、Lee和Bobko，1989；Greenhalgh和Jick，1989；Heaney、Israel和House，1994；Hellgren、Sverke和Isaksson，1999；Lindstrom、Leino和Seitsamo，2004）。

工作不安全感的压力理论研究证明工作不安全感会对员工的心理健康造成长期影响，二者存在负相关关系。多数实证研究支持了这一结论，只是相关程度不一致（Roskies和Louis-Guerin，1990；Wilson、Larson和Stone，1993；Dekker和Schaufeli，1995），并且有研究表明，与身体健康相比，工作不安全感对心理健康的影响更大（Sverke、Hellgren 和 Naswall，2002）①。Roskies 和 Louis-Guerin（1990）通过研究发现工作条件变化引起的工作不安全感比裁员和降职对心理健康的影响更为强烈。Lyndall 等（2004）对 1188 位职业经理人工作不安全感的研究验证了以往的结论，即工作不安全感对身体健康和心理健康存在显著影响。

工作不安全感对个体工作态度方面的影响研究集中于工作满意度、工作投入以及工作压力等变量。工作不安全感和工作满意度相关关系研究结论比较一致，即二者呈现负相关（Ashford、Lee 和 Bobko，1989；Rosenblatt 和 Ruvio，1996；Magnus 和 Sverke，2002）。Caplan 等（1975）最早进行二者关系的研究发现，工作不安全感与工作不满意呈现显著负相关关系。Borg 和 Elizur（1992）对 12 个高新技术企业进行了一次大规模的调查研究，所得结论为以往研究结论提供了有力证明，并且在进入衰退期的企业中这种负向关系更为强烈。随着积极心理学和积极行为学的推进，一些学者开始探讨工作不安全感和工作投入的关系，与其他结果变量的研究类似，二者相关程度并不一致。Sverke、Hellgren 和 Naswall（2002）通过元分析研究发现工作不安全感对工作投入度有消极影响。由于不少学者认为工作不安全感是一种重要的压力源，工作不安全感和工作压力的关系研究也成为研究重点。国内学者胡三嫚和佐斌（2007）运用层次线性回归方法分析发现，数量性工作不安全感和质量性工作不安全感是工作压力的显著预测源②。

此外，工作不安全感对个体层面影响的研究并不仅限于此。周浩和龙立荣（2011）通过 286 对上级和下属配对数据研究发现，工作不安全感与员工创造力并不是简单的线性关系，而是倒 U 形

---

① Sverke M, Hellgren J, Naswall K. No security: a meta-analysis and review of job insecurity and its consequences [J]. Journal of Occupational Health Psychology, 2002, 7 (3): 242-264.

② 胡三嫚，佐斌．工作不安全感及其对工作压力感、工作满意感和绩效的影响 [J]．中国临床心理学杂志，2007，15（2）：142-145.

关系，即中度工作不安全感状态下，员工的创造力最高，同时创造力自我效能发挥着完全中介的作用。另一项研究发现工作不安全感与员工幸福感显著负相关，工作不安全感是员工幸福感的重要压力源（冯冬冬、陆昌勤和萧爱玲，2008）①。

2.1.5.2 组织层面

工作不安全感的相关研究中，组织层面往往更受到学者们的关注。组织层面研究大体可分为两类：组织态度方面和行为方面。

组织态度方面研究最多的变量为组织承诺和组织信任。组织承诺是工作不安全感最普遍的结果变量，学者们就此进行了大量研究，结果表明工作不安全感与组织承诺负向相关，只是相关程度不同，或中度相关，或显著相关（Ashford、Lee 和 Bobko，1989；Rosenblatt 和 Ruvio，1996；Chirumbolo 和 Hellgren，2003；Buitendach 和 De Witte，2005）。一些学者进行了纵向研究，探索组织经历重大变革（合并、裁员等）后1~2年内员工组织承诺状况，结果发现员工的组织承诺不断下降，工作不安全感与组织承诺间接相关（Davy、Kinicki 和 Scheck 等，1989；1991）。关于工作不安全感与组织信任关系的研究并不像组织承诺那样丰富，但研究结论与组织承诺类似：工作不安全感会对组织信任造成消极影响，二者相关强度不同（Ashford、Lee 和 Bobko，1989；Borg 和 Elizur，1992；Pasewark 和 Strawser，1996）。

工作不安全感的压力理论研究者认为工作不安全感在对个体身心健康及组织态度造成消极影响的同时，必然引发行为的变化，因此，行为变量也是工作不安全感的重要结果之一，主要有工作绩效、离职和组织公民行为等变量。首先，工作绩效是学者们非常关注的结果变量，就此进行了大量研究，然而结论却非常复杂。一些基于员工自陈绩效的研究表明工作不安全感与工作绩效显著负相关（Rosenblatt、Talmud 和 Ruvio，1999），另一些较多研究表明二者并没有显著关系（Ashford、Lee 和 Bobko，1989）。而国内学者的研

① 冯冬冬，陆昌勤，萧爱玲．工作不安全感与幸福感、绩效的关系：自我效能感的作用［J］．心理学报，2008，40（4）：448-455.

究结论也不统一，冯冬冬等（2008）以自我效能感为调节变量，在研究工作不安全感与绩效关系的文献中指出，工作不安全感对工作绩效存在显著消极影响，且一般自我效能感的调节作用明显。而他们在另一项关于工作不安全感、员工绩效及可雇用性的研究中却发现工作不安全感与工作绩效之间线性关系并不明显，二者呈曲线关系，为典型的U形关系。由此可见，工作不安全感与工作绩效的关系相对复杂，与研究方法、背景和对象有较大关系，还需后续研究的进一步检验。组织效能的重要指标之一就是离职，为此学者们也进行了大量研究，多数研究结果表明工作不安全感与离职显著正相关，不同的研究情境其关系强度也不同（Borg 和 Elizur，1992；Hellgren、Sverke 和 Isaksson，1999）。Ashford、Lee 和 Bobko（1989）研究结果发现，工作不安全感与离职倾向显著相关，相关系数达到0.46。Borg 和 Elizur（1992）调研了12个高新技术企业的8000多名员工，结果发现工作不安全感与离职中度正向相关。目前对工作不安全感与组织公民行为关系的研究并不多，已有文献的结论也十分繁杂，有负相关关系（Lim，1996）、无显著关系（Bultena，1998），还有研究发现二者呈现正相关关系（Feather 和 Katrin，2004）。

此外，还有一些研究发现工作不安全感对家庭也会产生诸多消极影响。如 Larson 等通过对所在学校正发生变革的大学教师夫妇的调查发现，变革期间引发的工作不安全感对婚姻和家庭产生消极影响，甚至造成某些家庭问题。而父母的工作不安全感也会对孩子的心理和行为造成影响（Barling、Dupre 和 Hepburn，1998）①。

综上所述，工作不安全感的研究已引起越来越多的学者关注，学者们试图探索与工作不安全感相关的各个层次以及各个角度的变量关系，并已逐渐延伸到一些未知领域和变量（如创造力），丰富了工作不安全感的理论内容。然而，尽管多数变量的研究结论比较

① Barling J, Dpre K E, Hepburn C G. Effects of parents'job insecurity on children's work beliefs and attitudes [J]. Journal of Applied Psychology, 1998, 83 (1): 112-118.

一致，但相关程度都差别较大，有的结论甚至截然相反，这与工作不安全感界定和测量的不一致有关，也与研究者的研究背景、研究对象和研究角度有关。因此，工作不安全感的有关研究还需进一步检验和探索。

2.2 工作压力研究综述

工作压力的研究在国外已进行了一百多年，而我国仅开展了近三十年，虽然研究时间并不长，却产生了大量丰富的研究成果，特别是2005年至2008年期间，国内工作压力研究文献数量达到全部心理学领域关于工作问题文献总数的57.6%，是起步初期12年成果总数的9倍多，而这近20年中，国外对于工作压力的研究文献也增加了50倍①。由此可见，随着工业化和全球化进程的加快，工作压力仍然是不容忽视的问题，并且将获得更多的关注。

2.2.1 工作压力的概念及其内涵

对压力的关注最早源于心理学领域，心理学家Selye（1936）首次使用“Stress”一词描述身体对外界的反应。20世纪70年代后，管理学家和组织行为学家将压力引入工作场所中，并将其命名为“工作压力”，而心理学家将其称为“职业紧张”或者“工作应激”。

尽管关于工作压力有相当丰富的研究成果，但由于学者们研究视角的差异，对工作压力的界定尚未形成统一的认识。而工作压力研究来源于对压力的研究，从某种意义上来说，工作压力研究和压力的研究内容是重合的（白玉苓，2010）②。通过对压力界定的系统梳理，理论界已基本形成三种界定学说，而学者们则在此基础上

① 舒晓兵，孙建敏，史茜．工作压力研究：国内二十年的回顾与评析［R］．中国工作压力研究重要学术会议，2010（6）．

② 白玉苓．工作压力、组织支持感与工作倦怠关系研究——以服装产业知识型员工为例［J］．首都经济贸易大学学报，2010（9）．

形成了工作压力的不同界定。

刺激学说。纵观压力研究，人们对压力的最初认识来自于物理学中静止物体对压力的反应，延伸至心理学及管理学领域后，他们普遍认为压力是一种外界刺激导致的客观状态，强调个体之外的外界环境，当外界刺激超出个体的身体或心理承受能力，就会导致破坏性的影响，如紧张、焦虑等症状。早期研究工作压力的学者在该理论的基础上形成了工作压力的概念。Caplan 等（1972）认为工作压力是个体遭遇外界工作环境特征威胁而引发的现象。Janis 和 Matm（1977）认为工作压力是引发不良情绪或影响员工处理问题方式的一种环境变化。

反应学说。反应学说是基于生物医学的视角而提出的，由 Selye（1956）的压力定义发展而来。生物医学家认为个体面对外界可能的威胁时会产生本能反应，而这种反应具有“非特殊性”，即面对的压力相同，但反应却因人而异（Maslach 等，1981）①。也就是说，压力是个体对于外界刺激的主观感知，强调个体差异，而不是客观环境的作用。一些学者支持压力的反应学说，如 Lazarus 和 Launier（1978）认为个体承受压力的能力有限，承受压力的程度与个体自身对压力的感知有关，工作压力就是个体对工作有关压力的认知评价。

刺激—反应交互作用学说。该学说由 Lazarus（1984）提出，他认为压力不仅仅是一种客观状态，也不仅仅是个体的主观感知，而是二者结合的产物，是个体特征和环境刺激物相互作用的结果。该学说还认为压力是一个动态反应过程，不仅包括个体对于外界刺激的主观感受，还包括个体对于外界刺激的评估、应对方式和策略等重要内容。刺激—反应学说得到诸多研究者的认可，Fred 和 Luthans（1982）认为工作压力是对外界的适应性反应，这种反应

① Christina Maslach, Susan E Jackson. The measurement of experienced burnout [J]. Journal of Occupational Behaviour, 1981, 2 (2): 99-113.

导致个体生理、心理以及行为上的偏离①。由于国内关于工作压力的研究历程相对较短，因此工作压力的界定多数在国外研究的基础上修订而成，并且多采用了刺激—反应交互学说的内容。如徐长江（1999）认为工作压力是在工作环境中，使个体目标受到威胁的压力源长期、持续地作用于个体，在个体及应付行为的影响下，形成一系列生理、心理和行为的反应过程②。其他学者也有类似的定义（李中海和廖建桥，2001；许晓东，2004）。

综上所述，学者们对压力及工作压力的认识在不断探索中予以完善，这三种学说并非完全独立，而是相互继承的，特别是刺激—反应交互学说进一步发展了前两种学说的理论，同时也获得了多数研究者的探索和引用。因此，本书在综合以往的研究成果的基础上，结合本书的研究目的，认为工作压力是处于某种工作情境中的个体面对威胁时，在个体特征和外界环境交互作用的影响下，产生的一系列生理、心理及行为的反应过程。

2.2.2 工作压力的测量

由于压力适用范围广泛，且理论界对压力的界定尚未形成统一的认识，寻求普遍适用的工作压力测量工具相对困难，因此学者们从各自研究的角度探索和开发了相应的工作压力测量工具，其中运用最为广泛、使用最多的量表是 Cooper、Sloan 和 Williams（1998）共同开发的职业压力指标量表（OSI）。OSI 量表是一套指标体系，通过压力源变量、缓冲变量和压力结果变量三个维度衡量工作压力的水平，共计 25 个子量表，167 个项目。其中压力源包括六大因素：工作本身、管理角色、人际关系、职业成就、组织结构和氛围以及工作—家庭，分别对应 1 个子量表；缓冲变量涉及个性特征、

① Compas B E, Connor-Smith J E, Saltzman H, Thomsen A H, Wadsworthm E. Coping with stress during childhood and adolescence: problems, progress and potential in theory and research［J］. Psychological Bulletin, 2001, 27（1）: 87-127.

② 徐长江，时勘．工作倦怠：一个不断扩展的研究领域［J］．心理科学进展，2003，11（6）：680-685.

控制源和应对策略三个变量，分别包含3、3、5个子量表；结果变量涉及工作满意度、生理健康状况和心理健康状况，分别包含6、1、1个子量表。该指标体系的运用范围很广，已被翻译成多种语言版本，后继学者的工作压力研究中多数引用该体系进行测量，当然研究者们也会根据研究需求和目的对量表项目进行调整后使用。

此外，美国心理学家Mclean编制了12个项目的工作压力量表，测量应对能力、工作满意感和工作压力源三个维度的内容。该量表主要考察员工是否感知到工作压力以及是否存在角色冲突等现象。Karaek根据工作压力JD-C模型编制了42个项目的工作内容量表，由工作控制水平和工作心理需求两部分构成，用以测量职业人群的压力水平。Hurrell和Mclaney（1988）开发了包含任务控制、决定控制、物理性工作环境控制和资源控制四维度15个项目的工作控制量表。相对于国外学者的工作压力量表开发研究，国内学者的自创研究并不多，大多是沿用国外学者的研究成果，但也不乏质量较高的本土工作压力量表，如国内学者陈苏彰开发了适用于我国本土的15个项目工作压力量表，包括焦虑、疲劳、忧虑和低自尊四个维度，该量表从新的视角测量工作压力水平，而与国外注重测量压力源的量表明显不同。一些国内学者的关于工作压力的研究中常使用该量表，说明该量表具有良好的信度和效度（胡三嫚和佐斌，2007）。

2.2.3 工作压力的理论基础

2.2.3.1 付出—回馈工作压力理论

付出—回馈工作压力理论最初由生理医学家Siegrist（1996）提出，主要以社会交换视角对工作压力产生机理和作用机制进行讨论①。该理论认为员工在工作中的付出（时间、精力等）应该得到相应的回报（薪酬、尊重、社会地位等），如果组织对员工的这些付出未能给予回报，就会导致员工工作态度和行为的变化。付

① Siegrist J. Adverse health effects of High-Effort/Low-Reward Conditiond ［J］. Journal of Occupational Health Psychology，1996（1）：27-41.

出—回馈的不平衡会使员工出现许多身体疾病，如高血压等，同时也对员工造成压力，而那些工作更为投入的员工将会更容易感受到工作压力感。该理论自提出便引起后继学者的探索与讨论，其构念要素也由最初的“付出”和“回馈”两个因素演变成“付出”、“过度投入”以及“回馈”三个因素。其中“付出”构念包括内部付出和外部付出两部分，内部付出指员工在工作中的感情投入等；外部付出指员工的工作责任、任务量及工作时间等。回馈包括薪酬、尊重和对社会地位的控制三个维度。该理论包含三个基本假设，即付出—回馈失衡和过度投入都会对工作压力造成直接影响，同时二者的交换效应也会对工作压力产生消极效应。

2.2.3.2 工作需求—控制理论

工作需求—控制理论由 Karasek（1979）建立，该理论认为工作压力取决于两个重要因素的共同作用——工作要求和工作控制。其中工作要求指员工承担的工作负荷、角色冲突等因素，即压力源；工作控制指员工对工作的控制程度或影响程度。二者的共同作用决定员工承受压力的程度，不同的组合水平导致的工作压力感受程度也不同。高工作要求—低工作控制将导致高度工作压力；高工作要求—高工作控制将会产生“有益的压力”，即此时产生的压力强度并不是压力源，而是激励因素，有益于提高员工的工作效率，促进员工学习和成长；低工作要求—高工作控制产生的工作压力最小；低工作要求—低工作控制将导致员工十分消极的状态。在该理论的基础上，Karasek 构建了工作要求—控制模型（JD-C 模型），进入 20 世纪 80 年代后，该模型进一步发展，加入了社会支持维度，认为高要求—低控制—低支持将导致高水平工作压力，而高要求—高控制—高支持将使员工处于积极的状态。

2.2.3.3 个体—环境匹配理论

个体—环境匹配理论是由 French 和 Caplan 于 1972 年提出的，该理论认为压力之所以会产生是环境和个人特征相联系，即二者不匹配造成的。这里的匹配包括两层意思：一是主观上个体对环境的认识与对自身认识的匹配；二是客观上个体能力与工作要求的匹配。任何一方面的不匹配都会使个体造成压力体验，因此，该理论认为工作压力就是个体能力与工作环境要求不匹配的结果，并且二者的不匹配程度决定着压力强度的大小，不匹配程度越大，个体的工作压力也越大。

2.2.3.4 认知交互理论

认知交互理论是 Lazarus（1966）在个体—环境匹配理论的基础上提出的，他认为个体—环境匹配理论对工作压力的认识是不准确的，没有考虑到压力的动态过程。因而，认知交互理论认为压力不只是环境决定的，也不只是个体决定的，而是外界环境刺激与个体对刺激所造成威胁的评价共同作用的结果。压力的产生取决于从外界刺激（压力源）反应之间的两次评价，即外界环境对个体是否重要和个体拥有的资源能否应对环境的要求。此外，该理论还认为压力是一个动态过程，会跟随时间和情景的变化而变化。

2.2.4 工作压力的前因变量

关于工作压力前因变量的研究中，最为重要的就是对压力源的探索与分析，也就是对造成工作压力的各种因素的研究。学者们就压力源的问题展开了大量讨论，对压力源的划分也不尽相同，但归纳后发现，工作压力源大致可分为两类：一是与组织相关的因素；另一类是与个人相关的因素。本书在此基础上将工作压力源进一步细分为组织外部压力源、组织内部压力源和个人压力源进行阐述。

组织外部压力源主要指宏观环境，包括政治、经济及技术环境等。这类压力源一般不可预测，不能被组织和个人所控制，因而在工作压力源的研究中，通常忽略这类压力源的影响。但不可否认，宏观环境的压力源是真实存在的。学者 Summers 等（2001）在其研究中将压力来源的划分为三类：环境、组织和个人。其中环境压力源就包括经济不确定、政治不确定和技术不确定等。

关于工作压力源的研究，更多的学者关注于组织内部压力源的影响。组织内部压力源包括很多因素：工作本身、角色冲突、角色模糊、人际关系冲突、职业发展和组织气氛等。Weiss（1976）将工作压力源分为五种：工作本身、组织中角色、职业发展、人际关系以及组织结构与组织风格①。一些学者认为工作压力源也可根据个体差异和对压力感知的不同进行区分，包括生理条件、个人层面、团队层面、组织层面和组织外因素五个类型，其中个体层面主要指角色和职业发展（Ivancevich 和 Matteson，1980）。与 Summers 等（2001）学者对工作压力源的划分类似，Hendrix 等（1995）将工作压力源归为组织外部因素、组织内部因素和个人因素三类。其中组织内部因素包括角色冲突、角色模糊、难以发挥能力、管理制度等，他们认为组织内部因素对工作压力有直接影响②。而在众多工作压力源的研究中，Cooper 等（1988）的研究结论影响最大、适用最为广泛。他们编制了职业压力量表（OSI），归纳总结了六种压力源：工作条件、人际关系、角色压力、职业发展、组织结构和工作家庭冲突。这一结论为后继研究提供了良好的借鉴和思路。另外，工作压力源的早期研究中，工作环境也是重要的压力源之一，包括噪音、温度、照明及卫生状况等因素（白玉苓，2010）。

个人压力源一般包括个性特征、人格、年龄等与个体相关的因素，有的学者将工作家庭冲突及家庭问题也归为此类（Robbins，2001）。其中，性别、年龄和工龄等因素是学者们普遍认为的工作压力源因素（Summers，1995；Hendrix，1995），此外还有 A 型性格、身体状况、吸烟量等因素。

关于工作压力源问题，国内学者也进行了大量研究，但因起步较晚，国内多数研究均侧重于某个行业或者某个群体的压力源构成，并多继承于国外的研究成果。如舒晓兵（2005）以国有企业和私营企业的管理人员为研究对象，比较二者的压力源结构，结果发现国有企业管理人员的工作压力源是组织结构与倾向以及工作条件与要求，而私营企业管理人员的工作压力源是职业发展和组织中

---

① Weiss S，Baker G S，Das Gupta R D. Vibrational residual stress relief in a plain carbon steel weldment［J］. Welding Journal，1976（55）：47-51.

② Hendrix W H，Summers T P，Leap T L，Steel R P. Antecedents and organizational effectiveness outcomes of employee stress and health［M］. In Rick Crandall and Pamela L Perrewe Occupational Stress：A Handbook，1995：100-110.

角色。陈志霞和廖建桥（2005）以武汉市企事业单位知识型员工为研究对象，发现知识型员工的工作压力源包括工作任务、职业生涯发展、组织管理、人际关系与能力、时间紧迫以及工作环境五个方面①。由此可见，不同研究对象的工作压力源特征和结构也不同。

2.2.5 工作压力的结果变量

早期关于工作压力的研究多从个体的身体健康和心理健康出发，以这些变量作为效标。随着工作压力研究领域的扩充，学者们逐渐将焦点转移到组织层面，工作绩效等结果变量成为研究重点。本书将从个体层面和组织层面两个角度进行阐述。

2.2.5.1 个体层面

个体层面的结果变量主要涉及个体的身体健康和心理健康等变量。大量研究表明，工作压力会对个体的身体和心理健康造成严重的负面影响（Romanov，1996；Borg 等，2000；张西超等，2006；时勘，2008），如心率加快、呼吸困难、出汗等生理症状和焦虑、抑郁、低自尊等心理症状，过度的压力甚至会引发冠心病、胃病、上呼吸道感染等疾病，更严重者导致心理崩溃（苏铭，2008）②。舒晓兵和廖建桥（2002）通过研究发现，过度工作压力会造成员工互不关心，态度冷漠，心情抑郁，易引发精神疾病，主要表现为烦躁、不满、紧张及疲劳等症状③。

2.2.5.2 组织层面

国内学者舒晓兵和孙建敏等对国内工作压力二十多年的研究成果进行了回顾和评述，发现从组织角度研究工作压力后果的文献多集中于工作绩效、工作满意度和离职意愿三个变量。本书将对这三

---

① 陈志霞，廖建桥．知识员工工作压力源的主成分因素结构分析［J］．工业工程与管理，2005，26（4）：26-30.

② 苏铭．通信行业员工工作压力现状分析与对策研究［D］．西南交通大学，2008.

③ 舒晓兵，廖建桥．工作压力与工作效率理论研究述评［J］．南开管理评论，2002（3）：20-23.

个变量分别进行分析和说明。

工作绩效一直是学者们比较关注的结果变量。关于工作压力与工作绩效的关系，学者们进行了大量研究，并主要形成三种观点：一是冲击论，认为工作压力与工作绩效呈负相关线性关系（Miller，1960，1978）；二是激励论，认为工作压力非但不会造成消极影响，还会是良好工作业绩的动力（Hebb，1958）；三是互动论，认为工作压力与工作绩效呈现倒U形关系，即在一定限度内，工作压力会促进工作绩效，二者呈正向关系。在临界点，工作绩效达到最佳，此时的工作压力最为适中。超过这一界限，工作压力将会对绩效造成消极影响（Yerkes和Dodson，1908）。这三种结论都得到其他学者的部分验证，但始终未能形成统一的认识，这可能与测量工具、研究方法、研究对象以及对象的感知状况得到影响密切相关。

多数研究证明工作压力与工作满意度存在关联，且呈负相关关系（Bateman和Strasser，1983；Spector，1987），著名的工作压力量表（OSI）也将工作满意度作为工作压力的结果变量。Dubinsky和Hartley（1986）通过对保险人员的研究发现，由于角色冲突所造成的压力与工作满意度负向相关。国内学者对这两个变量也进行了大量研究。刘璞、谢家琳和井润田（2005）通过对转型期的国有企业员工的研究发现，压力源与工作满意度密切相关，影响其工作满意度的压力源主要是社会因素和工作环境，且管理者和普通员工在压力整体对工作满意度的影响程度差别不大，但普通员工的岗位竞争压力相对于管理者对工作满意度的影响要大得多①。颜爱民和王维雅（2007）以浙江省七家中小民营企业基层员工（一线工人、办公室文员和后勤服务人员）为研究对象，运用自编量表研究发现，多个压力变量（角色认知、职业发展、组织因素和人际关系）与整体工作满意度呈显著负相关关系，并且职业发展、组

① 刘璞，谢家琳，井润田．国有企业员工工作压力与工作满意度关系的实证研究［J］．中国软科学，2005（12）．

织因素、人际关系和社会因素对工作满意度具有预测作用①。

在关于工作压力的大量研究中普遍认为，过度压力会引发员工的离职倾向（吴彤和廖建桥，2003；Duane 和 Sydney，2004）②③。而工作压力也被认为是影响离职意愿的重要因素。舒晓兵和廖建桥（2002）在研究中指出，过度工作压力不仅会给个体带来身体和心理健康的危害，还能影响员工绩效，最终可能导致员工离职。以医护人员为研究对象的诸多研究也表明类似的结论，工作压力与离职意向正向相关（蔡欣玲，1995；吴晓娟等，2000）。也有学者认为工作压力并不直接影响离职意向，而是通过某些变量间接产生影响。如国内学者顾远东（2010）以 Maslach 的工作倦怠理论模型为依据，通过宁波、南京和顺德三地的员工数据为样本，探讨工作压力对离职倾向的影响路径和机制，结果发现工作压力对离职倾向产生间接影响，职业倦怠发挥完全中介的作用。在工作压力影响离职倾向的三条路径中，工作压力—情感耗竭—犬儒主义—离职的路径影响最为强烈④。虽然关于二者的相关研究存在一些争议，但不可否认离职意向确实是工作压力的一项重要结果变量。

2.2.6 工作压力的中介效应

综观工作压力的大量研究可发现，工作压力源、工作压力的结果变量以及工作压力的管理方式是工作压力相关研究的重点，而将其作为中介变量进行研究的文献并不多见，但随着工作压力研究的进一步深入，工作压力的中介效应也逐渐走进学者们的视野，成为工作压力研究的另一方向。如国内学者刘小禹和章凯（2008）通

---

① 颜爱民，王维雅．中小民营企业基层员工工作压力与工作满意度的实证研究［J］．管理学报，2007，4（2）．

② 吴彤，廖建桥．浅论工作压力的效用［J］．人类工效学，2000（3）：46-50.

③ Duane P Schultz，Sydney Ellen Schultz. 工业与组织心理学［M］．时勘，等，译．中国轻工业出版社，2004.

④ 顾远东．工作压力如何影响员工离职？——基于 Maslach 职业倦怠模型的实证研究［J］．经济管理，2010（10）．

过387名中国员工的调查数据探讨情绪智力对工作倦怠的影响机制，并以工作压力作为中介变量，研究发现在情绪智力对工作倦怠的不同维度的影响机制中，工作压力发挥的中介效应不完全相同。工作压力在情绪智力对情绪衰竭的影响过程中发挥完全中介的作用，而在对玩世不恭和低成就感的影响过程中发挥部分中介的作用①。义洁萍（2009）以员工工作压力为中介变量，研究领导风格（交易型领导风格和变革型领导风格）对员工工作绩效的影响。结果表明交易型领导风格与员工工作压力和工作绩效显著相关，同时工作压力在交易型领导风格和工作绩效之间发挥中介作用。此外，另一项关于工作压力的相关研究发现，一般自我效能可以通过工作压力对工作满意度发挥预测作用（张慧，2008）②。可见，工作压力的中介效应广泛存在，这可能成为工作压力未来研究进展的新方向。

2.3 工作倦怠研究综述

2.3.1 工作倦怠的概念及其内涵

自临床心理学家Freudenberger于1974年提出“工作倦怠”这一术语开始，迅速引起广泛的重视。不同学者更是从不同角度对工作倦怠进行界定，有些学者从静态的角度，即从工作倦怠特征的角度予以界定（Maslach和Jackson（1981）；Pines和Aronson（1988））；有些学者从动态角度，即从工作倦怠形成机制角度予以界定（Cherniss（1980）；Etzion（1987））。

而被引用最多的是Maslach的操作性定义。Maslach和Jackson（1981）认为工作倦怠是指在从事以人际为服务对象的工作领域，

① 刘小禹，章凯．情绪智力影响工作倦怠机制中工作压力的中介作用研究［J］．西南师范大学学报，2008，33（3）．

② 张慧．企业员工一般自我效能感、工作压力和工作态度的相关研究［D］．东北师范大学，2008.

个体的一种情绪耗竭、去人性化及个人成就感降低的状况①。其中情绪耗竭是工作倦怠的核心维度，指个体认为自己的情绪资源被耗尽的感觉，伴有挫折、紧张；去人性化指个体将其服务对象视为"物"，对同事或服务对象冷漠的心理状态；个人成就感降低指个体倾向于对自己负面评价、感觉无助以及自尊心下降。

随着工作倦怠研究对象的扩充，不仅仅限于人际工作者，Maslach 于 1996 年对这一概念进行了修订，包括情感耗竭、玩世不恭和低职业效能感三个维度。情感耗竭指个人在工作中感到能力不足与筋疲力尽，最终情绪资源丧失，表现为疲劳、烦躁、紧张和易怒；玩世不恭指对工作和同事冷淡、疏远和漠不关心；低职业效能感指个人认为工作没有意义和成就感，缺乏成功体验。其他学者对工作倦怠的定义如表 2-1 所示。

表 2-1 **工作倦怠定义**

学　者	年份	工作倦怠定义
Freudenberger	1974	在人际服务工作中，个人因劳动强度较大，工作时间较长而引起的疲惫的感觉
Kalker	1981	是个体生理和情绪上呈现的筋疲力尽的症状
Brill	1984	个体期望所调节的、与工作相关的机能失调的状态
Pines 和 Aronson	1988	个体由于长期处在情绪资源过度要求情况下而产生的生理、情绪和精神衰竭的症状
Lee 和 Ashforth	1993	发生在服务者身上的，因能力或资源方面过度要求而无法处理的结果

① Maslach C, Jackson S. The measurement of experienced burnout [J]. *Journal of Occupational Behaviour*, 1981, 2: 99-113.

续表

学　者	年份	工作倦怠定义
Dworkin	2001	个人对特定工作的疏离感，表现为无意义感、无权利感和无规范感
Shirom 和 Melamed	2003	个体精力用尽后的情感状态，包括生理疲劳、情绪衰竭和认知厌倦

2.3.2　工作倦怠的测量

多数文献将工作倦怠结构分为以 Pines 为代表的单维度理论和以 Maslach 为代表的多维度理论。其测量也多从这两个角度出发。

2.3.2.1　单维度的测量

Pines 等人在提出的工作倦怠单维度结构的基础上，开发了自己的倦怠量表 Burnout Measure（BM）①。该量表由生理衰竭、情绪衰竭和精神衰竭三个部分组成，每部分均含 7 个项目，采用七点计分，从 0 到 6，分别代表从不到总是。三个部分分数的总和反映倦怠的程度。有关 BM 的研究表明，BM 所有项目并不只负荷在一个维度上，与其单维度理念矛盾，同时，该量表的区分效度也不够理想。

Shirom 和 Melamed 在 Pines 理论基础上，结合资源保存理论，开发了工作倦怠量表（Shirom Melamed Burnout Measure，SMBM）。SMBM 由三部分组成：情绪衰竭、生理疲劳与认知厌倦。情绪衰竭部分包含 4 个项目，生理疲劳和认知厌倦部分各包含 6 个项目。采用 7 点计分，从 1 到 7，代表从不到总是。各部分分数总和表示倦怠的程度。Shirom 等人的研究表明该量表有较好的结构效度，但其他心理测量属性还需进一步探讨②。

---

① 贾晓波，陈凤荣．工作倦怠的测量及其干预研究综述［J］．心理与行为研究，2006，4（1）：55-60.

② 卞冉，龙立荣．工作倦怠的理论与测量［J］．人类工效学，2004，3（10）．

2.3.2.2 多维度的测量

马氏工作倦怠量表（Maslach Burnout Inventory，MBI）是应用最为广泛的多维度测量量表。适用于助人行业，包括3个分量表，共22个项目，分别为情绪衰竭（9个）、去个性化（5个）和个人成就感低落（8个）。而后，Maslash等人对MBI量表进行了修订，形成MBI-GS（MBI-General Survey）量表。适用于非助人行业，侧重人与工作的关系，共16个项目，包括3个子量表：情感衰竭（5个）、玩世不恭（5个）和低职业效能感（6个）。大量研究表明该量表具有良好的信度和效度，但单一方向的测量易导致结果存在一定程度虚假的可能。

为应用于更广泛的领域，克服MBI量表的不足，Demerouti于1999年开发了OLBI量表（Oldengurg Burnout Inventory）。包含衰竭（7个项目）和疏离工作（18个项目）2个分量表，均采用正反向术语，以4点计分。该量表不同于MBI量表，MBI仅包含了情感方面的耗竭，而OLBI量表将躯体及认知方面的耗竭也加入其中，因此从事体力工作和信息加工方面工作的人群也可使用①。研究表明，该量表具有较好的信度和效度，其心理测量学特征效度也较好。

2.3.3 工作倦怠的理论基础

2.3.3.1 资源保存理论

资源保存理论（Conservation of Resource Theory，COR）是Hobfoll于1995年提出，用以解释个人如何因环境或者资源供需失去平衡而产生压力的理论。COR理论认为人们都在努力获取和保护“珍贵资源”，当个人失去已有的资源，这些“珍贵资源”无法满足需求，投入的资源又不能取得预期的回报时，工作倦怠就会产生。而这些“珍贵资源”可能是上级支持、团体契合力、社会支持、家庭支持、工作朋友等。

---

① 徐长江，时勘．工作倦怠：一个不断扩展的研究领域［J］．心理科学进展，2003，11（6）：680-685.

Lee 和 Ashforth（1996）运用元分析研究 COR 理论与工作倦怠的相关性。发现两类变量：需求和资源①。需求指威胁资源丧失的因素，资源指个人希望额外获取的因素。需求是引发情绪衰竭和玩世不恭的主要原因，而资源是能够缓解工作倦怠的重要内容。需求可能包含角色压力、角色冲突、工作压力、工作量、角色模糊等；资源就是 COR 理论中的“珍贵资源”。Demerouti 等（2001）在以上理论的基础上提出了工作需求—资源模型。

2.3.3.2 公平理论

有学者认为，公平理论是社会交换关系的一种体现（Blau，1964）。无论是人际关系还是个人与组织的关系，公平理论都发挥着作用。因为人们评价与他人关系或与组织关系都是根据投入和产出来衡量的。人际关系上，人们寻求互利互惠；组织关系上，寻求付出与收益的均衡。如果人们感知到缺乏互利互惠或不公平感，就会引起心理失调，进而导致工作倦怠。

2.3.4 工作倦怠的前因变量和结果变量

2.3.4.1 工作倦怠的前因变量

有学者认为工作倦怠的发生是个人因素与环境因素共同作用的结果（Carroll 等，1982）。其前因变量集中在三个方面，分别是个体层面、工作层面及组织层面（Ivancevich 和 Matteson，1980；Cordes，1993；Hendrix 等，1995；Maslach，2001）。

个体层面包括人口统计变量（Cordes，1993；陆洛、李惠美和谢天渝，2005）、个性特征（Boyle，1991；Maslach，2001；Bakker，2006）及工作家庭冲突。人口统计变量中一些因素的研究呈现出较为一致的结果：年轻人更易倦怠（Cherniss，1980；Maslach，1982）；女性较男性更易情绪衰竭（Anderson，1980；Pines 和 Karfy，1981；Etzion 和 Pines，1986）；工龄与工作倦怠负相关（Zohn，1980；Pedrabissi 等，1992）；获得高教育者的倦怠情

---

① 苏文明，吴薇莉．企业员工工作倦怠归因研究［J］．西华大学学报（哲学社会科学版），2007，6（26）．

况更为严重（王晓春和甘怡群，2003）①。个体特征中外控/内控、自尊、主动/被动及大五人格对倦怠的体验不同。有研究认为，内控的人更易感到倦怠，因为外控的人倾向于把事情归结于外界，内控的人恰好与之相反；较低的自尊也容易引起倦怠感；A型人格的职业人更易产生倦怠；主动个体较被动个体更能积极应对事情，倦怠体验可能性相对较小（李永鑫，2003）②。

工作层面主要包括工作负荷、工作特征及角色冲突等。研究表明，工作负荷与工作倦怠中的衰竭维度高度负相关。Moore（2000）的研究证实了这一结论，他以IT业技术人员为研究对象，分析导致其倦怠和高离职率的原因，结果发现工作过载对衰竭的影响最大③。而工作本身与工作倦怠中的低职业效能感和玩世不恭显著相关，具体包括工作自主性、完整性、多样性及他人合作等（裴利芳和王燕妮，2008）。此外，多项研究发现角色冲突和模糊也是引起工作倦怠的重要原因（Harden，1999；Moore，2000）④。

组织层面主要包括组织支持、公平感及控制感等。Weisberg和Sagic（1999）的研究表明，来自组织的支持可以有效缓解倦怠。Maslach等的研究发现来自上级的支持比来自同事的支持更为重要。而员工感知的组织公平感，如程序公平和分配公平与否也会造成员工工作热情削减，产生倦怠感（李超平和时勘，2003）。

另外，员工参与决策以及自主权的多少也与倦怠相关。Karasek和Theorell（1999）研究发现缺乏控制感的员工更易产生工作紧张，而对工作有控制感的员工会更乐观地看待问题，将其视为挑战而非威胁。

国内学者的研究成果与国外类似，主要有个体因素、工作因

① 王晓春，甘怡群．国外关于工作倦怠研究的现状述评［J］．心理科学进展，2003，11（5）：567-572.

② 李永鑫．工作倦怠及其测量［J］．心理科学，2003，26（3）：557.

③ Moore J E. One road to turnover: An examination of work exhaustion in technology professionals［J］. MIS Quarterly，2000，24（1）：141-175.

④ Harden R M. Stress, pressure and burnout in teachers: is the swan exhausted［J］. Medical Teacher，1999，21（3）：245-247.

素、组织因素和社会因素，但研究内容多限定于某些行业或群体。也有一些研究融入了中国员工特有的因素，如有研究表明，中国人存在的性格缺陷（行为顺从性、心灵封闭性、取向自我性）更容易产生心理压力，长期积累就会导致工作倦怠。而中国人更看重“面子”，有时保护面子比维护社会公正还要重要，这种情况下，中国人更易唯命是从，逐渐失去工作自主性，难以自我发挥和实现，倦怠也就随之而来（苏文明和吴薇莉，2007）①。

2.3.4.2 工作倦怠的结果变量

工作倦怠不但会造成个体生理和心理的不良影响，更会对组织造成严重后果，归纳而言，有个人工作绩效、旷工、生产率、离职率、组织绩效、工作满意度及心理契约等（Golembiewski、Hilles和Daly，1987）。学者们（Cordes和Dougherty，1993；Bruke和Greenglass，1995；伍燕，2009）研究结果一致认为工作倦怠与工作绩效负相关；工作倦怠会导致员工的工作满意度（Borg和Riding，1991）和组织承诺（Lee和Ashforth，1996）② 降低，蒋奖、张西超和许燕（2004）以北京市某国有投资银行为例，研究发现工作倦怠使个体情绪疲惫，并且与工作满意度负相关；高倦怠可以预测离职意向（Jackson和Maslach，1982；Burke Shearer和Deszca，1984；王飞，2005）。

2.4 离职倾向的研究现状

2.4.1 离职倾向的定义

关于离职倾向（turnover intention）的含义，学者们提出了各

① 苏文明，吴薇莉．企业员工工作倦怠归因研究［J］．西华大学学报（哲学社会科学版），2007，26（3）．

② Lee R T，Ashforth B E. A meta-analytic examination of thecorrelates of the three dimensions of job burnout［J］. Journal of Applied Psychology，1996，81：123-133.

自不同的看法，具体观点如表 2-2 所示。

表 2-2　　部分学者对离职倾向的定义汇总

研究学者	离职倾向定义描述
Porter 和 Steers (1974)	当组织的员工经历了工作不满意之后紧接着采取的退缩行为
Mobley（1977）	员工在组织中工作一段时间，经过考虑之后，蓄意离开组织的意图
Mobley 和 Horner Hollingsworth (1978)	综合了工作中的不满意、离职想法、寻找其他工作的打算与找到别的工作的可能性的综合表现
Price（1997）	当员工对工作有不满意感时，他们会在其他地方寻找机会，一旦发现更好的机会，就会选择离开。如果没有合适的或者较好的机会时，他们会继续工作，但是已经有了离职的念头
樊景立（1978）	个人想要离开现在的工作单位，寻找其他工作的趋势
欧阳玲（1994）	员工打算离开目前工作单位想法直接导致离职行为的发生
蔡坤宏（2000）	离职倾向是员工从产生打算离开目前组织的想法并试图寻找其他工作机会到准备离开组织的关键性的一步，能够最准确地预测离职行为的发生
符益群（2002）	员工产生的离开组织的想法或意愿

资料来源：本研究整理。

综合上表所述，虽然国内外学者对离职倾向的定义不尽相同，但万变不离其宗，在本质上基本上是一致的，Porter Steer（1973）提出，离职倾向指的是员工在经历了一系列的不满意之后紧跟着的退缩性行为；Mobley（1973）认为员工在经历了不满意之后会产生离职的念头、寻求工作的机会以及工作之间进行比较，最后才有离职倾向，它是离职行为的最后一步。总之，普遍认为，离职意向是离职行为的前因，是一系列撤出认知的最后阶段，最能预测离职的行为。本书拟采用樊景立（1978）等对离职倾向的定义，将离职倾向界定为个人想离开目前的工作岗位，另寻其他工作机会的打算和意向。

2.4.2 离职倾向的测量

关于离职倾向（turnover intention）的测量，在研究中已经基本达成了共识，没有太大的争议焦点，Mobley（1978）的量表在研究中运用最多，可见是有权威性的，该量表主要用来测量员工离开目前的组织之前的一种行为倾向，比如对目前工作单位的看法，找别的工作的行动等。后来，Michaels 和 Spector（1982），Johnston 和 Futrell（1989）又提出对量表进行修订，但实质上还是莫布雷（Mobley）量表的传承与拓展。

Charles（1991）等人开发的离职倾向的量表，包含四个问题，研究证明该量表具有良好的信度（0.83）。

樊景立（Farh，1998）的离职倾向量表，很多次在中国香港地区进行研究使用，该量表具有较高的可靠性和重测的信度系数。

Chen 和 Francesco（2000）在研究中使用了有 4 个测量项目的离职意向问卷。

陈东健和陈敏华（2009）① 从“离职的感知”、“离职的诱因”、“离职的意向”几个角度编制了含有 3 个问题的离职倾向量表，该量表的整体信度系数水平为 0.57，仅达到了可接受水平。

2.4.3 离职倾向的相关理论模型

目前的研究成果中，有关离职倾向的理论模型很多，比如 March 和 Simon 模型、Price（1977）模型、Mobley 模型、Price-

---

① 陈东健，陈敏华．工作价值观、组织支持感对外企核心员工离职倾向的影响——以苏州地区为例［J］．经济管理，2009（11）：96-105.

Mueller（2000）模型。其中影响较为深远的就是 Price-Mueller（2000）模型和 Mobley 模型，也是本书将重点介绍的模型。

Price-Mueller（2000）离职动因模型有三个假设：（一）如果员工带着某种价值观和期望进入组织，当价值观和期望得到满足的时候，那么员工满意，就会选择继续留在该组织；（二）根据 Gouldner（1960）提出的社会交换的观点，假设员工在任职期间因为服务而得到的回报就是 Price-Mueller（2000）模型中的结构化变量；（三）假设员工是理性的，这个假设基于个体行为的观点（Homan，1961），当员工进行成本和收益的选择时，会考虑如何使收益得到最大化。

在这个动因模型中体现了三个变量：环境变量、结构化变量以及个体变量。图 2-3 就是 Price-Mueller（2000）离职动因模型的路径图，正号与负号分别代表着正相关关系和负相关关系。

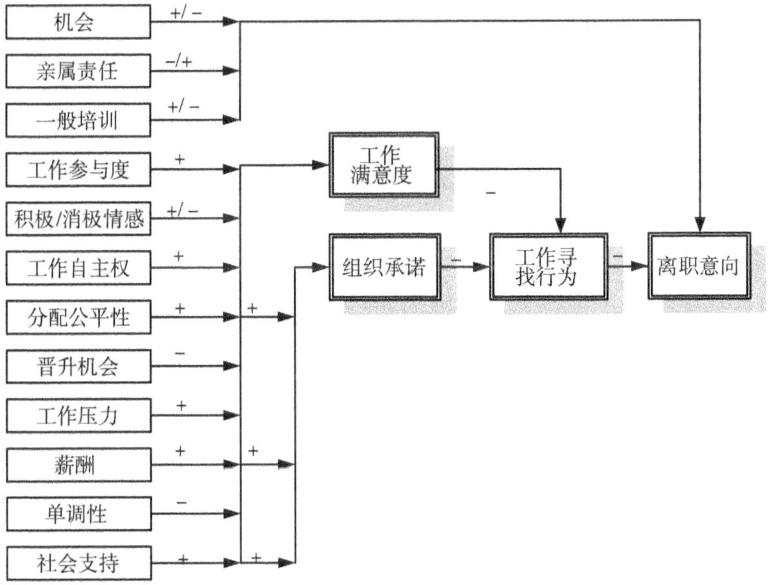

图 2-3 Price-Mueller（2000）离职动因模型路径图

资料来源：Price. Reflections on the determinants of voluntary turnover［J］. Journal of International Manpower，2001，22：600-624.

从 Price-Mueller（2000）模型中可以看出，因变量是离职意向，自变量可以概况为以下五类：环境、个体、结构化变量、中介变量以及控制变量。其中，环境包括工作机会和亲属责任；个体包括工作参与程度、一般培训、积极/消极情感；中介变量包括工作满意度、组织承诺和工作寻找行为，工作机会、亲属责任与一般培训则直接与离职倾向产生相关影响，而其他大部分变量（比如工作参与度、自主性、积极情感与消极情感、公平性、工作压力、工作单调性、晋升机会、薪酬、社会支持等）则要通过中介或者调节变量（工作满意度和组织承诺）才能影响员工的离职倾向，进而影响他们的离职行为。

Mobley（1977）发现过去的离职研究大部分直接探讨工作满意度与员工离职的关系而且两者之间负相关但是相关系数却不高，因而认为在两者之间可能存在其他的变量，也就是说当员工的离职行为理智，在其做离职决策前，会先对离职的成本和预期收益进行评估，如果新的工作机会更有价值，就会产生离职倾向甚至最终离职，如果新的工作没有现在的好，则会选择留下继续工作。

2.4.4 离职倾向的影响因素研究

学者对离职倾向和离职行为两者之间的紧密关系达成共识，研究发现，离职的行为是难以直接进行测量的，而离职倾向正好是测量离职行为的最佳预测值①，所以就以研究离职倾向来取代离职行为，离职倾向自然也就成为比较常见的结果变量。

员工离职的原因有很多，包括劳动力市场的状况、员工的工作满意度、组织的管理制度或奖惩措施不到位、工作家庭冲突等。目前对离职倾向的研究主要集中在其前因变量和结果变量。离职倾向的前因变量主要包括个性性格、工作满意度、组织承诺、工作嵌入、感知到的工作机会等因素，而结果变量则主要是离职行为。从

① Hendrix, W. H., Robbins, T., Miller, J. Effects of Procedural and Distributive Justice on Factors Predictive of Turnover［J］. Social Behavior and Personality, 1998, 13: 611-632.

影响员工离职原因的角度出发，这些原因大致分为三大模块：员工个人层面、与组织和工作相关的因素以及环境因素，从大的方面来说就是分为宏观和微观方面，宏观方面主要是环境因素，微观方面则涵盖了个人以及组织因素。对离职倾向的影响因素分析，本书汇总整理如表 2-3 所示。

表 2-3　　离职倾向的影响因素研究成果汇总

研究作者	影响因素
Muchinsky 和 Morro（1980）	经济机会因素（如劳动力市场状况等因素）、工作关系因素（即与组织或工作相关的因素）和个体因素（即与个人背景相关的因素）
Zeffan（1994）	外部因素（劳动力市场规律等）、员工个体特征（年龄、性别、兴趣爱好、经验等）、制度因素（工作条件、薪酬福利待遇等），以及员工对其工作的反应（工作满意度、工作投入程度等）
Iverson（1999）	个体变量（年龄、性别、工作动机、家庭背景等）、与工作相关的变量（同事和上级的支持、工作危险性、工作的自主性、薪酬分配公平等）、外部环境变量（更好的工作机会等）以及员工心理变量（工作满意感、组织承诺等）
符益群、方俐洛和凌文辁（2002）	宏观（组织和外部环境）、中观（个体—组织适合性）以及微观层次（个体因素、态度和与其他内部心理过程相关的因素）三个维度
赵西萍等（2003）	宏观经济因素（如社会经济水平、劳动力市场状况、就业失业水平等）、企业因素（如企业规模、组织结构、组织管理、薪酬制度等）、个体对工作的态度（如工作满意感、工作压力感、组织承诺等）、个体特征因素（如年龄、性别、受教育程度等）以及与工作无关的个人因素（如配偶、家庭负担等）

续表

研究作者	影响因素
刘永安和王芳（2006）	员工自身（年龄、性别、教育水平、婚姻）、与组织和工作相关（工作满意度、组织承诺、工作压力）、环境（劳动力市场状况、工作机会、住房、交通、企业性质）等三大类因素

在离职倾向的其他影响因素研究中，Mynatt 和 Omundson（1997）通过路径分析发现，人格和离职倾向之间没有直接关系，但A型人格会通过影响工作满意度继而影响离职倾向①。Emberland 和 Rundmo（2010）发现工作不稳定行为对离职倾向具有间接影响②。Barak 和 Levin（2006）发现，有压力、排外、缺乏支持的组织氛围会影响员工的工作满意度、组织承诺，进而导致员工产生离职倾向③。国内学者任慈等（2009）研究了“80后”新员工的工作特征对离职倾向的影响④。Allen 和 Weeks（2005）发现自我监控者和风险厌恶者会削弱离职倾向和离职行为之间的关系，而具有前瞻性人格的人不会削弱离职倾向和离职行为之间的

① Mynatt Patricia G . The impact of Anglo and Hispanic ethnicity, gender, position, personality and job satisfaction on turnover intentions: a path analytic investigation [J] . Critical Perspectives on Accounting, 1997, 8 (6): 657-683.

② Ember land J. S. , Rundmo T. Implications of job insecurity perceptions and job insecurity responses for psychological well-being, turnover intentions and reported risk behavior [J] . Safety Science, 2010, 48 (4): 452-459.

③ Mor Barak Michlle E. , Levin . Why do they leave Modeling child welfare workers' turnover intentions [J] . Children and Youth Services Review, 2006, 28 (5): 548-577.

④ 任慈，赵亮，魏亭．“80后”新员工工作特征对其离职倾向的影响［J］．价值工程，2009（12）．

关系①。

也有研究指出"职业承诺在自变量组织承诺和因变量离职倾向间有调节效应，员工的职业承诺越高，由于组织承诺的存在，员工的离职行为就越少（Eummi Chang，1999）"②；工作投入也会对组织的承诺和离职行为产生影响（Anders Sjoberg，Sverke，2000），组织认同会因为工作满意度的降低影响离职倾向③；张勉和张德（2007）通过研究指出"组织支持感的调节作用主要表现在，组织中上级支持与同事和下级的关怀、对有不安全感的员工而言，可以明显降低其离职的概率"。④

2.5 情绪调节自我效能感的研究现状

有位哲人曾经说过这样的话：不善于驾驭自己情绪的人总会有所失，青年的情绪好比暴风骤雨，来势迅猛，变化无常，几句鼓励的话语就能激起满腔热情，在所不惜，几句不恰当的斥责，就会偃旗息鼓，青年情绪可以成为建设性的强大动力，也可能产生巨大的破坏作用，因此，青年应学会调节和管理自己的情绪，把自己的情

---

① Allen David G，Weeks Kelly P.，Moffitt Karen R. Turnover Intentions and Voluntary Turnover：The Moderating Roles of Self-Monitoring，Locus of Control，Proactive Personality，and Risk Aversion［J］. Journal of Applied Psychology，2005，90（5）：980-990.

② Eummi Chang. Career Commitment as a Complex Moderator of Organizational Commitment and Turnover Intention［J］. Human Relations，1999，52（10）.

③ Anders Sjoberg. The Interactive Effect of Job Involvement and Organizational Commitment on Job Turnover Revisited：A Note on Mediating Role of Turnover Intention［J］. Scandinavian Journal of Psychology，2000，41（3）：247-252.

④ 张勉，张德. Price-Mueller 离职模型中价值观变数调节作用的实证研究［J］. 人力资源管理，2007，9（18）：46-51.

感用事升华到有利于个人和社会的高度①。

快乐、悲伤、喜悦、郁闷……每个人时时刻刻都会有不同的情绪，情绪也有积极和消极之分，积极的情绪使人完全投入工作中，激发个人潜力，消极的情绪则产生很大的危害性，从而导致一失足成千古恨的后果。情绪的复杂多变，到底能不能控制和驾驭它呢？本节将针对大学生情绪调节自我效能感从理论和实践两个方面来进行分析和研究。

2.5.1 情绪调节自我效能感的定义

美国的心理学家班杜拉（Bandura）在1977年提出了自我效能感（Perceived Self-Efficacy）的概念，定义为“个体在执行某一行为之前对自己能够完成什么样的行为活动的信念、判断或自我感受”（高申春，2000）②。

班杜拉（Bandura）认为自我效能的信念反映在不同的情境中影响评估过程的纵向知识结构，这将反过来指导个体的行为③。这说明了个体会因为自我效能感的不同，在不同的情境中采取不同的行为方式，这种信念不是独立于周边的环境来起作用的。近年来该理论已被广泛用于情绪调节相关领域的不同效能感信念，比如：共情自我效能感、情感自我效能感以及学业自我效能感等。

20世纪末，意大利一位心理学家卡普拉拉（Caprara）研究发现“人们在管理日常生活的情绪体验方面存在的个体差异性很大，原因不仅在于个体之间的不同的情绪管理能力，而且还在于不同个体在情绪自我调节能力上面的信念的差异性”④。与此同时，班杜

---

① 王恩群，王恩东，陈昭．青年生活中的心理学［J］．湖北科学技术出版社，1987.

② 高申春．自我效能理论评述［J］．心理发展与教育，2000（1）：60-63.

③ Bandura，A.．Self-efficacy：The exercise of control［M］．New York：Freeman，1997.

④ 汤冬玲，董妍，俞国良，文书锋．情绪调节自我效能感：一个新的研究主题［J］．心理科学进展，2010，18：598-604.

拉在提出情绪调节自我效能感（Regulatory E-motional Self-Efficacy）时定义为“个人管理自我情绪的能力和自信，并认为 RES 主要包括识别情绪状态的感觉、换位思考的能力以及管理自身积极情绪的能力和表达消极情绪的能力感。”①所以，根据卡普拉拉和班杜拉对 RES 的理解，本研究将情绪调节自我效能感（Regulatory Emotional Self-Efficacy）界定为一种个体本身是否能有效地调节自己的情绪状态，以及自我意识的程度。

2.5.2 情绪调节自我效能感的结构分类

情绪（motion），指有机对象对客观事物表现出来的一种态度，反映的是个体行为的主观能动作用，个体的情绪状态可以说是对社会环境的适应力量。前面所说的情绪包括积极情绪、消极情绪，不同的情绪可能会因为个体的差异表现出不同的社会功能以及心理功能，于是就出现了早期的国外学者把 RES 分为：管理消极情绪的自我效能感（Perceived Self-Efficacy in Managing Negative Affect, NEG）和表达积极情绪的自我效能感（Perceived Self-Efficacy in Expressing Positive Affect, POS）②；NEG 是强调在挫折和不愉快的事情面前，个体调节悲观情绪的自信度；POS 是强调个体面对成功时，积极表达快乐等正向情绪的自信程度③。

卡普拉拉（2008）在 RES 的研究中，在一阶因子模型的基础上，探索了一个二阶因子模型，即 RES 下面的 NEG 又分为两个维度：调节生气/愤怒情绪自我效能感（Perceived Self-Efficacy in Managing Anger /Irritation）和调节沮丧\痛苦情绪自我效能感

① 郭小艳，王振宏．积极情绪的概念、功能与意义［J］．心理科学进展，2007，15（5）：810-815.

② Bandura, A., Caprara, G. V., Barbaranelli, C., Gerbino, M., Pastor Elli, C. Role of affective self-regulatory efficacy on diverse spheres of psychosocial functioning［J］. Child Development, 2003, 74（3）：769-782.

③ Caprara. GV., Caprara, Steca. Personality's correlates of adult development and aging［J］. European Psychologist, 2003, 8：131-147.

(Perceived Self-Efficacy in Managing Despondency/Distress)①，结构如图 2-4 所示。

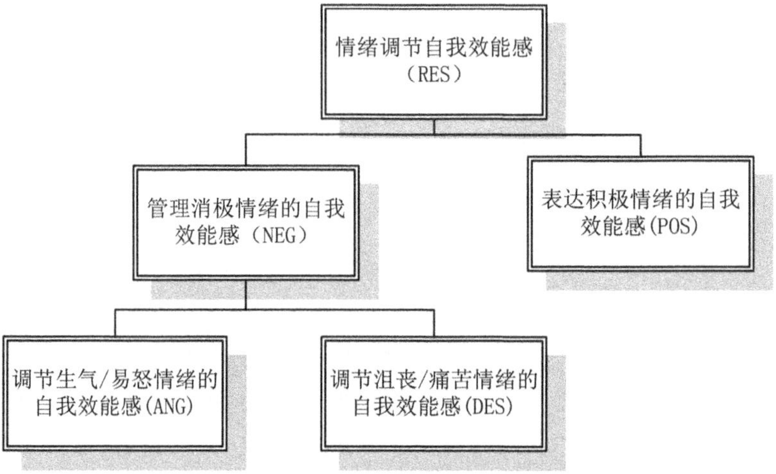

图 2-4

我国学者文书峰（2009）等运用探索性因子和验证性因子分析方法在研究 RES 在中国背景下的适用情况时，把 RES 界定成三个因子的一阶结构，即三维度的情绪调节自我效能感变量：调节生气/愤怒情绪的自我效能感（Perceived Self-Efficacy in Managing Anger /Irritation)、调节沮丧\痛苦情绪自我效能感（Perceived Self-Efficacy in Managing Despondency/Distress）以及表达积极情绪的自我效能感（Perceived Self-Efficacy in Expressing Positive Affect,)，也得出三因子模型适合在中国背景下研究的有效结论②。

李琼（2011）在以往实证研究的基础上，通过文献资料分析

① Caprara, G. V., Giunta, L. G., Eisenberg, N., Gerbino, M., Pastorelli, C., Tramontano, C. Assessing regulatory emotional self-efficacy in three countries [J]. Psychological Assessment, 2008, 20 (3), 227-237.

② 文书锋，汤冬玲，俞国良．情绪调节自我效能感的应用研究［J］．心理科学，2009，32（3）：666-668.

整理，运用因子分析的方法提出新的情绪调节自我效能感的五因子模型：调节内疚/害羞的自我效能感、调节生气/愤怒的自我效能感、调节沮丧/痛苦的自我效能感以及调节尴尬情绪的自我效能感和表达积极情绪的自我效能感①；但是从目前研究来看，影响力最大并得到最广泛运用的还是卡普拉拉和班杜拉提出的三因子模型。

学者对情绪调节自我效能感的概念大多采用班杜拉（2003）对情绪调节自我效能感的界定，因此，本书也将采用这一定义，认为情绪调节自我效能感是指个体对于能否有效地调节自身情绪状态的一种自信程度，而自信就是自我效能高的一种表现。

2.5.3 情绪调节自我效能感的测量

卡普拉拉（2003）最初编制了两个维度 14 个项目的情绪调节自我效能感的量表，并采用李克特的五点计分法，该量表分为表达积极情绪的自我效能感（POS）和管理消极情绪的自我效能感（NEG）两个维度。

在 2008 年卡普拉拉把该量表修改为 12 个项目的两维度量表，他把管理消极情绪自我效能感（NEG）这个维度分为两个二级维度：调节生气/易怒情绪自我效能感（Perceived Self-Efficacy in Managing Anger/Irritation，ANG）和调节沮丧/痛苦情绪自我效能感（Perceived Self-Efficacy in Managing Despondency/Distress，DES）。

我国学者俞国良和文书峰（2009）运用 RES 量表问卷的中文版对北京一千多名研究生进行探索分析研究，发现该量表具有较高的可靠性，该问卷的 a 值达到 0.85，POS 分问卷的 a 值为 0.85，DES 分问卷的 a 值为 0.79，ANG 分问卷的 a 值为 0.77，探索性和验证性因子分析中也显示该量表具有良好的因子结构（文书峰、

---

① 李琼．情绪调节自我效能感问卷编制及其作用机制［D］．西南大学硕士学位论文，2011.

汤冬玲和俞国良，2009)①。但是有一点值得说的是，调节消极情绪的自我效能感（NEG）划分的两个次级维度（DES 和 ANG）构建的二因子模型在中国样本中与卡普拉拉的研究结果的拟合度有差异，中国样本支持的是 POS、DES、ANG 三个维度的划分法②。

上海心理学家卢家媚（2010）等用情绪调节自我效能感量表中文版（RES）调查了在江苏的部分大学生，调查结果显示出该量表在这类群体中也有很不错的信度和效度，总问卷的 a 值达到 0.8 以上，POS 分问卷的 a 值大于 0.6，DES 分问卷的 a 值大于 0.7，ANG 分问卷的 a 值大于 0.7，所以该中文版量表适合在中国进行研究。

2.5.4 情绪调节自我效能感的相关研究

心理学家在研究情绪与行为之间存在的关系中发现，自我效能感是一个很关键的调节变量，当个体相信自己能够通过自己采取的行为方式阻止或者改变不利的后果时，才会采取行动，而卡普拉拉发现在调节和管理情绪上，个体越相信自己情绪调节的能力，越有可能采取积极的方式来应对。

情绪本身既是一种主观体验，又是一个自我调节的对象，而自我效能感是自我信念的一种，也是一种独立的现象，因此双主观因素决定个人的情绪调节自我效能感的自我效能是不同于其他自我效能的，它的特殊之处在于属于个体本身的内在过程不像其他种类的自我效能感是独立的（比如学业自我效能感），而是与个体紧密相关的。

近几年来，情绪调节自我效能感（RES）对情绪调节和情绪的

① Caprara G V, Stecal P, Gerbinol, M. Looking for adolescents'well-being: self-efficacy beliefs as Determinants of positive thinking and happiness. Epidemiol Psichiat Soc, 2006, 15 (1): 30-43.

② Bandura A, Caprara G V, Barbaranelli C, Pastorelli C, Regalia C. Social cognitive self-regulatory Mechanisms governing transgress-sive behavior [J]. Journal of Personality and social Psychology, 2001, 80 (1): 125-35.

影响引起了国内研究者的关注①；根据国外学者提出的观点，RES是指个体对自己的情绪调节的自信感，研究已显示 RES 对个体存在调节作用（比如压力应对、主观幸福感以及改善人际关系、亲社会行为、犯罪行为、抑郁情绪、成瘾行为等方面）②；丁新华和王极盛（2004）做了 RES 与主观幸福感的研究，他们把主观幸福感分为两个维度（情感维度和认知维度），并且在积极心理学领域把它定义为根据自己的个人生活质量，给出一套整体的评价标准，得出的结果是个体对整体生活的满意感越高，则感受到越多的积极情绪和较少的消极情绪，幸福体验越强烈③。

Caprara 和 Steca（2006）把主观幸福感分为乐观、自尊和满意度，把主观幸福感中的情感成分用幸福感来测量，结果显示：和情绪调节自我效能感共同影响主观幸福感的认知和情感成分的还有处理人际关系的自我效能感、而且存在着情绪调节自我效能感越高，人际关系的效能信念就越高，社会的适应水平也就越高的一种传递关系，最终得到较高的主观幸福感④；Caprara 和 Steca（2005）认为管理积极、消极情绪的自我效能感可以使个体对未来充满期望和自我信念，从而提高主观的幸福感⑤；Caprara 和 Steca（2005）在研究中也得出了高情绪调节自我效能感与高人际关系效能感、高共情效能感（理解他人感受）之间有正向关系，个体越相信自己有管理情绪的能力，越容易产生共情，做出亲社会行为。

---

① 张萍，张敏，卢家楣．情绪调节自我效能感量表在中国大学生中的试用结果分析［J］．中国临床心理学杂志，2010（5）：568- 570.

② 汤冬玲，董妍，文书锋，俞国良．情绪调节自我效能感：一个新的研究主题［J］．心理科学进展，2010（4）：598- 604.

③ 丁新华，王极盛．青少年主观幸福感研究述评［J］．心理科学进展，2004，12（1）：59-66.

④ Caprara，G. V.，Steca，P. The contribution of self-regulatory efficacy beliefs in managing affect and family relationships to positivity and hedonic balance［J］. Journal of Social and Clinical Psychology，2006，25：603-627.

⑤ Caprara，G. V.，Steca，P. Self efficacy beliefs as determinant of prosocial behavior conducive to life Satisfaction across ages［J］. Journal of Social and Clinical Psychology，2005，24：191-217.

黄敏儿和郭德俊（2001）认为高抑郁个体的情绪调节方式与一般的调节方式正好相反，这也是增强抑郁状态的主要原因，这说明影响抑郁的不是消极事件本身，而取决于主观个体对自己情绪管理的自信程度，因此，情绪调节自我效能感的高低会间接作用于个体情绪，从而影响后续的心理和行为反应①。

情绪调节自我效能感还会影响个体的选择行为策略的应对方式，刘霞和陶沙（2005）的研究指出，"高情绪调节自我效能感（RES）的人往往做出积极的应对行为，相反，低情绪调节效能感（RES）的人往往使用消极的行为来应对"②；所以，情绪调节自我效能感（RES）可以有效缓解压力对个人造成的不良影响。

张庆华（2011）研究了情绪调节自我效能感、人格、学校人际环境与家庭功能的关系，结果显示"神经质与调节沮丧/痛苦的情绪效能感（Emotiona Self-Efficacy）、调节生气/愤怒的情绪效能感负相关，外向与表达积极情绪的效能感正相关；家庭和谐对情绪调节自我效能感（RES）有正向的预测影响"③。由此可见，情绪调节自我效能感与个体心理健康关系密切，其作用机制主要是通过对行为有导向作用的具体效能感（学业效能感、抵制诱惑效能感、社会关系效能感及共情效能感等）来作用于个人的心理与行为。

作为一个新的研究领域，RES的研究还是一片空白，有相当大的空间来提高：第一，RES的被试群体比较单一，早期的研究主要集中在青少年群体，而大学生作为一个特殊群体，情绪波动大，这一阶段的群体往往比其他个体更能体验到多变的情绪；第二，RES调节机制的研究还比较匮乏，有待发展。

综上所述，我国已有理论研究仅限于对国外研究的介绍，实证研究也仅是翻译量表对研究生与高中生进行验证，所涉及的内容远

---

① 黄敏儿，郭德俊．大学生情绪调节方式与抑郁的研究［J］．中国心理卫生杂志，2001，15（6）：438-441.

② 刘霞，陶沙．压力和应对策略在女性大学生负性情绪产生中的作用［J］．心理学报，2001，37（5）：637-649.

③ 张庆华．高中生情绪调节自我效能感与家庭功能、学校人际环境的关系研究［D］．沈阳师范大学硕士论文，2011.

比国外少，班杜拉指出自我效能感是动态的，所以被试群体的多样化也很有必要进一步尝试研究。

2.6 工作不安全感与工作压力关系研究

在工作不安全感的相关研究中，对员工心理健康的影响一直是工作不安全感研究的重要方向。该领域的研究者们通常将工作不安全感视为压力模型中的一部分，即工作不安全感是重要的压力源之一，实证研究证明工作不安全感会给员工带来压力性的感受（Bultena，1998）①。Maslow 等在 20 世纪 50 年代初提出心理健康的 10 条标准：具有适度的安全感；具有适度的自我评价；与现实环境保持良好的接触；具有适度的自发性与感应性；能保持人格的完整与和谐；具有从经验中学习的能力；在团体中能保持良好的人际关系；有切合实际的生活目标；适度地接受个人的需要；在不违背团体的原则下能保持自己的个性（夏岩宾，2009）。对已有研究文献的分析发现，工作不安全感与心理健康关系的研究概括起来主要探讨了三个方面的问题：一是关于工作不安全感与心理健康关系的性质，即探讨工作不安全感对心理健康是否具有消极影响，二是关于工作不安全感与心理健康关系的方向，即探讨工作不安全感是消极地影响着个体的心理健康，还是相反。三是关于工作不安全感对心理健康的影响机制，即探讨工作不安全感作用的中介模型和调节变量，以解释工作不安全感效应的原因。

Mauno 和 Kinnunen（1999）进行了为期一年的纵向研究，发现工作不安全感对于 219 名芬兰雇员中的女性员工是一种持续的压力源，但这一状况对男性员工并不明显②。有些学者甚至将工作不

---

① Bultena C D. Social exchange under fire：direct and moderated effects of job insecurity on social exchange［J］. University of North Texas. Unpulished doctoral dissertation，1998.

② Mauno S，Kinnunen U. Job insecurity and well-being：a longitudinal study among male and female empolyees in Finland［J］. Community，Work & Family. 1999，2（2）：147-171.

安全感这种压力源细分为急性工作压力源和慢性工作压力源，前者指组织发生剧烈变化所产生的强烈担忧感（Matheson 和 Anisman，2005），后者指一种普遍化感受，延长的、慢性的不确定感和焦虑感（Rocha，2006）。

国内学者在这种观点的基础上又进一步考察了工作不安全感和工作压力的关系。胡三嫚和佐斌（2007）进行的一项工作不安全感、工作压力感、工作满意感和工作绩效关系的研究发现，工作不安全感是工作压力感的显著预测源，不同维度的影响不同。其中工作不安全感包括数量性工作不安全感和质量性工作不安全感，工作压力感包括焦虑、忧虑和低自尊三个维度。数量性工作不安全感与焦虑和忧虑显著相关，质量性工作不安全感与低自尊和忧虑显著相关。而另一项关于工作不安全感和工作压力关系的研究得到相似的结论：员工的工作压力与工作不安全感显著正向相关，且工作压力的各维度与工作不安全感也显著相关，其中工作超载维度的相关程度最高（孔莹，2010）。

尽管工作不安全感是一种重要压力源的观点得到许多学者认可，但这一说法仍缺乏更多实证研究论证，工作不安全感和工作压力的关系有待于实证研究的进一步讨论和检验。

2.7 工作压力与工作倦怠关系研究

在研究工作压力和工作倦怠早期，学者们对这两个概念还没能形成清晰的认识。有学者认为二者具有相同的影响因素，因此没有实质差别，也有学者认为工作倦怠是工作压力的一种，是一种特殊形式的工作压力（白玉苓，2010）。随着研究的进一步深入和对比，更多学者认为这两个概念既相互联系又相互区别，是两个并不同质的构念（Robbins，1996）。这期间及随后的几十年内，学者们为了分析这两者之间的关系，展开了大量研究，硕果颇丰。

有学者认为工作压力是工作倦怠产生的重要因素，是一种极端形式（Freudenberger 和 Cherniss，1980；Dunham，1992）。Selye（1958）更把工作压力的反应过程分为警觉、抗拒和衰竭三个阶段，而工作倦怠处于最后一个阶段。这一观念直到工作倦怠被划分为几个维度，学者们的研究重点才开始发生转移，大量学者开始探索工作压力与工作倦怠的关系以及它们各维度之间的关系。Lee 和 Ashforth（1996）通过角色压力和工作倦怠各维度关系的研究发现，角色压力与情绪衰竭和去人性化关系显著，但与低成就感关系不明显①。这些结论也得到其他学者的验证（Cam，2001；Akroyd，2002），更多学者通过实证研究发现，工作压力与工作倦怠中的情绪耗竭相关度最高，而工作压力是情绪耗竭的重要预测变量（Elit 等，2004）。也有学者研究这两个变量与其他变量的相关性，发现角色压力与工作倦怠呈正相关关系，且工作倦怠是角色压力与组织结果变量（工作绩效、工作满意度等）关系的中介变量，也就是说压力通过倦怠对组织变量产生影响（Fogarty 等，2000）。

随着工作压力模型和工作倦怠结构的进一步清晰，国内学者就二者的关系也进行了大量研究，学者们普遍认为工作压力与工作倦怠具有正向相关关系，工作压力对工作倦怠有预测作用（张西超等，2005；时勘等，2008）。孟慧等（2008）在对 398 名小学和幼儿教师的外向性和绩效的研究发现，工作压力在外向性和工作倦怠之间发挥部分中介的作用②。白玉苓（2010）以服装企业的知识型员工为研究对象，探讨员工工作压力与工作倦怠的关系，结果显示知识型员工的工作压力正向影响工作倦怠，并与工作倦怠的三个维度均正向相关，但工作压力的不同维度对工作倦怠的整体影响却不同，人际关系和工作家庭冲突的影响更为强烈③。

综上所述，关于工作压力与工作倦怠的整体关系，学术界已普遍形成统一认识，但二者不同维度之间的关系仍差别较大，这可能与学者们研究对象和研究工具的选取差异有关，因此，二者之间不

① Lee R T，Ashforth B E. A meta-analytic examination of the correlates of the three dimensions of job burnout［J］. Journal of Applied Psychology，1996（81）：123-133.

② 孟慧，田京，李永鑫，江漪敏．外向性和绩效：工作压力与工作倦怠的中介作用［J］．人类工效学．2008，14（4）．

③ 白玉苓．工作压力与工作倦怠关系研究——以服装企业知识型员工为例［J］．北京工商大学学报，2010，25（3）．

同维度关系仍需更多深入的检验。

2.8　相关理论研究对本书的启示

前文对工作不安全感、工作压力及工作倦怠相关理论的综述，为本书研究提供了扎实的理论基础，同时也存在一些不足：

（1）通过前文的文献综述可以发现，关于工作不安全感，国内外学者多数认同这样一个观念，即工作不安全感是一种重要的压力源。基于这样的理念基础，学者们进行了大量工作不安全感与其他压力源造成的结果变量的关系研究。然而，压力源作为压力模型中的重要组成部分，关于工作不安全感与工作压力的实证研究却并不多见。这可能是因为学者们认为二者关系比较明确，也可能是因为工作压力多采用压力源的测量工具而较难准确测量。但不管是什么原因，工作压力源与工作压力仍是两个完全不同的概念，工作不安全感是压力源的理论仍需进行深入的实证检验。

（2）已有文献对工作不安全感与工作压力以及工作压力与工作倦怠的两两关系进行了大量研究，特别是工作压力与工作倦怠的相关研究，遍及从整体到维度的各个层次，同时也涉及教师、护士、企业员工等多个群体，研究结果颇为丰硕。然而，在这三个变量中，却极少涉及工作不安全感与工作倦怠的关系研究，更少涉及这两者之间的影响机制和作用机制研究。从前文综述来看，这两者可能存在着某种关系但未被发掘。工作不安全感与工作压力是否存在某种关系？在这两者之间的作用机制中，工作压力是否发挥着作用？这些问题在以往研究中未曾提及，是工作不安全感、工作压力以及工作倦怠相关研究的一大空白。

（3）关于情绪调节自我效能感变量还有很多研究的空间。它作为一个新的研究主题，目前国内的研究极少，在工作不安全感组织理论模型中提到工作不安全感与自我效能感对压力及其结果变量的研究，而情绪调节自我效能感作为一种具体自我效能感，将其引入实证研究的文献几乎没有，这也是做本研究的原因。

（4）对离职倾向结果变量的研究的样本还有提升的空间。以大学生新员工作为研究群体的实证研究还较少，目前多集中于工作满意度、组织承诺等变量上，而且国内把工作不安全感和离职倾向放在一个框架内的文献研究的深度还有待挖掘。

因此，本书将基于以上研究成果和研究不足，试图通过实证分析，探讨工作不安全感与工作倦怠的相关关系以及工作压力的中介效应，探讨在高度不安全感的环境下，情绪调节自我效能感对个体加工负向情绪及行为的影响以及他们之间是否存在或者存在着怎么样的作用机制，为企业和企业管理者留住优秀人才提供理论参考和实践启示，以期补充已有理论研究的同时为今后的相关研究提供参考。

第3章　工作不安全感对工作倦怠的影响机制研究

3.1　研究假设与模型设计

3.1.1　工作不安全感与工作压力

正如前文所述，多数学者认为工作不安全感是工作场所中一种最为重要的压力源，是压力模型中的一部分（Ashford、Lee 和 Bobko，1989；Bultena，1998）。不仅如此，许多理论模型也为这一结论提供了有力依据。

根据工作不安全感的组织模型理论，客观威胁信息经个体理解后转化为主观威胁，进而引发工作不安全感，使个体产生一系列消极体验，这些消极体验在心理层面的直接反映就是压力感，在行为层面就会表现为努力程度下降、离职等现象，甚至造成组织有效性的降低。在这一作用机制中，工作不安全感与工作压力存在直接而密切的联系。而根据 Siegrist（1996）的付出—回馈理论，员工在工作中的付出（时间、精力等）应得到相应的回报，若组织未能兑现这些回报，付出—回馈的失衡就会导致员工产生压力感。员工在组织中付出大量的时间和精力，期望获得相应的回馈（工作安全感等），但组织却未能实现，从而导致付出—回馈失衡，员工的工作态度和行为发生变化，造成员工身体危害的同时也会导致工作压力。此外，工作需求—控制理论也可以解释工作不安全感和工作压力之间的关系。工作需求—控制理论认为工作压力取决于两个重要因素的共同作用，即工作要求和工作控制。工作要求指压力源，工作控制指员工对工作的控制程度或影响程度。工作不安全感可归属为工作要求，是一种重要压力源，且工作不安全感的产生往往是员工难以控制的要素丧失造成的，也就是说员工对这种工作要求的影响程度或控制程度较低，这样便形成了高工作要求—低工作控制的组合，将产生高度的工作压力。此外，认知交互理论也可解释工作不安全感引发工作压力的过程。

国内学者胡三嫚和佐斌（2007）运用实证研究对工作不安全感和工作压力感的关系加以验证，发现工作不安全感是工作压力感的显著预测源，但不同维度的影响也不同。另一项研究（孔莹，2010）也发现，员工的工作压力与工作不安全感显著正相关。

由此，根据前文理论模型和理论基础分析，我们认为，工作不安全感和工作压力显著正相关，工作不安全感各维度与工作压力也呈正相关关系。但以往的研究对二者关系挖掘还不够细致，本书在以上分析的基础上，提出以下假设：

假设1：工作不安全感与工作压力呈显著正相关关系。

假设2：工作不安全感各维度与工作压力各维度呈正相关关系。

3.1.2 工作压力与工作倦怠

关于对工作压力与工作倦怠关系的认识，学者们经历了从概念识别到形成较统一意见的完整过程，大致经历了三个阶段：第一阶段，学者们认为工作压力与工作倦怠没有实质差别，甚至认为工作倦怠是工作压力的一种；第二阶段，经过了深入分析与对比，学者们认为工作压力与工作倦怠既相互联系又相互区别；第三个阶段，学者们已普遍认为二者存在显著的相关关系，且工作压力能够显著预测工作倦怠。在这三个阶段的发展过程中，学者们展开了大量研究。

Cherniss（1980）提出了工作倦怠形成机制模型，该模型指出工作压力源会导致个体倦怠体验，甚至造成组织效能下降，如工作满意度下降。Maslach 和 Jackson（1984）认为某些工作性质存在压力，长期压力的积累会导致个体丧失工作热情，绩效下降，远离人群等现象，也就是工作倦怠。Elit 等（2004）发现工作压力与工作倦怠三维度都密切相关，其中与情绪耗竭的相关度最高①。国内学者陈子彤和刘玉燕（2008）以知识型员工为研究对象，考察工作压力各维度与工作倦怠各维度的关系，发现影响工作倦怠各维度的工作压力因子差别较大，但二者整体上存在着重要的相关关系②。

根据以上理论分析，工作压力与工作倦怠的关系是比较明确的，因此，本书提出以下假设：

假设 3：工作压力与工作倦怠呈显著正相关关系。

假设 4：工作压力各维度与工作倦怠各维度呈正相关关系。

3.1.3　工作压力的中介作用

资源保存理论认为人们十分重视获取和保护"珍贵资源"，包括物质资源、社会资源等，这些"珍贵资源"因人而异。当人们感觉这些资源将要丧失或者在丧失过程中的资源投入未能得到应有的回报时，就会产生压力感。个体因珍贵资源的继续流失，投入其他资源予以弥补，但由于压力状况下的可投入资源较少，如果个体仍勉强投入，非但不能保护珍贵资源，反而可能导致"丧失螺旋"，加速珍贵资源的流失，累积到一定程度时，最终引发倦怠。在工作场所中，工作安全感对于一些员工而言就是"珍贵资源"。当引发工作不安全感的因素发生时，作为工作安全感的珍贵资源就面临丧失的危险，在这种情况下，根据资源保存理论，员工就会产生压力感，倘若员工不能采取任何防卫措施或者员工投入其他资源却仍难以控制丧失的资源时，工作倦怠就会产生。由此，我们可以推断，工作不安全感、工作压力和工作倦怠之间存在密切联系，工作不安全感可能直接引发工作倦怠，也可能通过工作压力的缓冲间

① Elit L, Trim K, Mand-Bains I H, Sussman J, Grunfeid E. Job satisfaction, stress and burnout among Canadian [J]. Gynecologic Oncology, 2004, 94: 134-139.

② 陈子彤，刘玉燕．知识型员工工作压力与工作倦怠关系的实证研究［J］．科学学与科学技术管理．2008（12）：157-161.

接影响工作倦怠。

另外，学者们将工作压力视为一个复杂的过程，并遵循着“黑匣子”理论模型，即工作压力源——个体特征——外界环境刺激——产生工作压力——工作压力的结果变量——工作压力管理方式。本研究的变量关系机制恰好符合该理论模型，工作不安全感的产生是个体对外界刺激的主观转化，即可替代工作压力源、个体特征和外界环境刺激。工作倦怠又是工作压力的结果变量，因此，本研究的工作不安全感——工作压力——工作倦怠的影响机制成立。

此外，Mina 和 Dalia（2001）通过研究工作不安全感与工作倦怠的关系并将夫妻间倦怠状况加以对比后发现：丈夫群体中，工作不安全感与工作倦怠负向相关①。更多学者探讨了工作不安全感与工作倦怠的反面——工作投入的关系，并已形成四种观点，可见，工作不安全感与工作倦怠存在某种直接联系。而另一项关于工作压力和工作倦怠的研究发现，工作压力在情绪智力和工作倦怠的关系中发挥着中介作用，只是情绪智力对工作倦怠的不同维度的影响机制中，工作压力的中介机制不完全相同②。

综上所述，在以上理论分析和实证研究的基础上，本书提出以下假设：

假设5：工作不安全感与工作倦怠呈正相关关系。

假设6：工作压力是工作不安全感和工作倦怠之间的中介变量。

假设7：工作压力是工作不安全感各维度和工作倦怠各维度之间的中介变量。

基于上述文献综述和理论分析内容，本书也遵循多数学者们常用的研究思路，即压力源—中介或者调节变量—压力反应。将工作

---

① Mina Westman, Dalia Etzion, Esti Danon. Job insecurity and crossover of burnout in married couples [J]. Journal of Organizational Behavior, 2001 (22): 467-487.

② 刘小禹，章凯．情绪智力影响工作倦怠机制中工作压力的中介作用研究［J］．西南师范大学学报，2008，33（3）．

不安全感作为前因变量，工作倦怠作为结果变量，工作压力作为中介变量，构建如下理论模型（见图 3-1）。

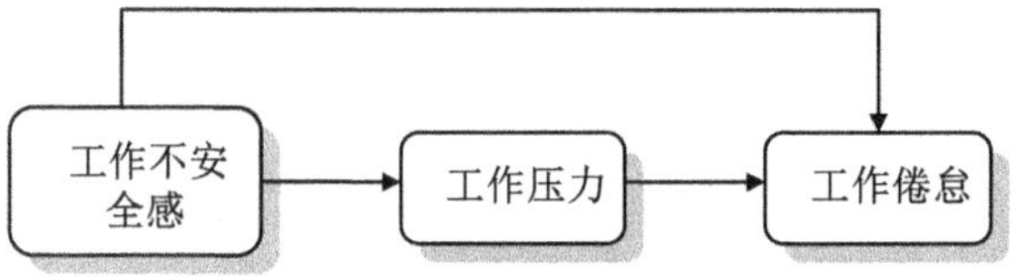

图 3-1

3.2 研究步骤

在前文大量而丰富的理论支撑的基础上，本书接续的研究工作大致可分为前期和后期两大环节，具体细节如下：

第一，前期工作。前期工作主要是在编制好调查问卷之后进行的小规模调查过程，笔者初步选定了几家企业进行抽样调查，共发放 50 份电子版问卷进行检验，同时对随机选取的几名被试进行了访谈。目的在于检验本研究的问卷表述是否能够得到被试的清晰理解，以及问卷结构设计是否一目了然，并试图找到合理填写问卷的方式和方法。该环节结束后，笔者仔细总结了问卷的反馈信息，并对问卷中不恰当的地方进行了修改。由于本问卷主要来自于一些权威量表，已经过学者们的反复论证，因此本问卷内容无需进行大幅度更改，主要变化集中在问卷的结构和文字表述方面，以期在正式发放过程中获得优质的数据。

第二，后期工作。后期工作主要是通过正式地发放问卷获得本研究相关的数据内容，而后运用统计软件进行数据分析，以期证实本研究的理论假设和理论观点。首先本书将对各变量进行描述性统计分析，而后运用方差分析比较性别、年龄等人口统计变量及其他控制变量对工作不安全感、工作压力和工作倦怠的影响，再进行变量之间的相关分析与回归分析，最后检验工作压力在工作不安全感和工作倦怠之间的中介效应。

3.3 研究方法

3.3.1 研究工具

本研究主要采用问卷调查的方式收集数据，涉及的问卷通过借鉴以往研究出的成熟量表，并参考相关文献梳理而成，主要包括五个部分：

第一部分为卷首语。此部分主要向被测对象介绍本问卷发放的目的和用途，以及表达对被测对象的感谢，期望获得较为真实的信息。

第二部分为被测对象的基本信息。主要包括性别、年龄、婚姻状况、教育程度、参加工作年限、职位、所在企业性质、所在企业规模以及工作性质等内容。

第三部分为工作不安全感量表。主要参考 Hellgren 和 Sverke 编制的工作不安全感量表。该量表包含两个维度，共 7 个项目。其中数量性工作不安全感维度为 3 个项目，质量性工作不安全感为 4 个项目。胡三嫚和佐斌（2007）使用该量表进行研究，内部一致性 α 系数分别为 0.71 和 0.79，说明该量表具有较好的信度和效度。

第四部分为工作压力量表。主要参考国内学者陈苏彰（1981）编制的工作压力量表，包括焦虑、疲惫、忧虑和低自尊四个分量表。胡三嫚（2007）和刘小禹（2008）等多位学者曾加以引用，α 系数可达到 0.84。本书根据研究需要，将原量表中的语句进行修订，最终形成符合本书需求的工作压力量表。

第五部分为工作倦怠量表。主要参考 Maslash 等人编制的马氏工作倦怠量表（MBI-GS）。马氏工作倦怠量表适合于非助人行业，共 16 个项目，包括三个子量表：情感衰竭（5 个）、玩世不恭（5 个）和低职业效能感（6 个）。

本研究调查问卷涉及的量表均采用 Likert 5 点计分方法，从 1 到 5 分别对应“非常不符合”、“比较不符合”、“不能确定”、“比较符合”以及“非常符合”，具体内容详见附表。

3.3.2 研究对象与问卷发放

本书的研究对象并未加以设定，适合于任何企业性质中的任何阶层的员工，因为本书的研究内容是一种普遍化的现象，在任何群体中都可能存在。

本书的取样遵循了随机抽样的原则，尽可能兼顾不同性别、年龄阶段、学历层次、职位高低、企业性质和规模等特征，由于后文需按照这些因素进行统计、分析，并通过方差分析反映这些因素在各变量上的差别，因此，这些特征的数据来源也相当重要，本书的取样方法尽量保证了研究结果的可信度。

在问卷发放和收集方面，本书问卷的正式发放主要采用了网络问卷星调查、发放网络电子版本、发放纸质版本等多种形式，其中网络电子版本和纸质版本主要委托笔者的亲朋好友及实习老师等填写而成。笔者在问卷发放前，已与被试就问卷如何填写和其他注意事项等问题进行了详细沟通，并要求被试尽量现场填写，以便解决填写时遇到的问题。该种方式不但保证了问卷的回收率，也保证了问卷的回收质量。

整个问卷发放和回收过程大致持续了三个月时间，主要涉及北京、太原、武汉、大同、广州、温州等地的 12 家企业，共发放问卷 416 份，回收问卷 373 份，回收率 89.7%，剔除回收问卷中的无效问卷（多数选项空白或明显不合理的问卷）后，有效问卷为 339 份，有效回收率高达 90.88%，样本详细情况见表 3-1。

表 3-1 **研究样本基本情况统计表**

特征变量		频数（人）	百分比（%）
性别	男性	183	54.0
	女性	156	46.0
年龄	30 岁（含）以下	157	46.3
	31~40 岁	97	28.6
	41~50 岁	62	18.3
	51 岁（含）以上	23	6.8

续表

特征变量		频数（人）	百分比（%）
婚姻状况	未婚	136	40.1
	已婚	179	52.8
	其他	24	7.1
学历	初中及以下	50	14.7
	中专及高中	51	15.0
	大专	78	23.0
	本科	107	31.6
	硕士及以上	53	15.6
工龄	1年（含）以下	58	17.1
	2~5年	111	32.7
	6~10年	68	20.1
	10年以上	102	30.1
职位	普通员工	199	58.7
	基层管理人员	82	24.2
	中层管理人员	36	10.6
	高层管理人员	22	6.5
企业性质	国有企业	122	36.0
	事业单位	73	21.5
	民营企业	42	12.4
	合资或外资企业	102	30.1
企业规模	100人以下	39	11.5
	101~500人	62	18.3
	501~1000人	42	12.4
	1001~2000人	73	21.5
	2000人以上	123	36.3

续表

特征变量		频数（人）	百分比（%）
工作性质	市场类	51	15.0
	技术类	62	18.3
	制造类	118	34.8
	行政支持和服务类	108	31.9

3.4　实证分析研究

本章在前一章节回收的有效数据基础上，进一步加以汇总和分析，以期获得支撑本书理论假设和观点的实证依据。本章的实证数据分析过程主要通过使用 SPSS17.0 软件进行，所涉及的分析方法包括描述性统计分析、信效度分析、方差分析、积差分析及回归分析等。

3.4.1　量表的信度与效度检验

本书使用的工作不安全感、工作压力和工作倦怠量表均来自于国内外权威问卷，并根据本书需求进行了适当编修，虽已经过国内外学者的多次检验和论证，但因为本书的研究内容、抽取样本等因素的不同，仍需要对问卷质量重新评价，验证工作不安全感、工作压力和工作倦怠量表的信度和效度。

信度是指经由多次复本测验测量所得结果间的一致性或稳定性，或估计测量的误差有多少，以反映出实际真实量数程度的一种指标。信度分析是社会科学研究中不可或缺的重要环节，通常情况下，所测结果的信度越高，量表的一致性也就越好。但这里的一致性是指在某一特定情形下的一致性，量表的信度系数可能因不同时间、不同被试者或不同评价者而出现不同的结果（王保进，2002），因此，实证研究中检验量表的信度是十分必要的。信度分为外在信度和内在信度两大类，外在信度指不同时期测量时量表的一致性程度，而最为常用的检验方法就是再测信度；内在信度指每个量表能否测量单一构念，以及量表题项的内部一致性程度如何。在态度量表法中使用的信度分析主要是指内部信度分析，常用的检验信度的方法是克伦巴赫（L. J. Cronbach）所创的 α 系数。各学者对 α 系数值的划分略有差别，但通常认为，α 系数值为 0.7 是一个较低但可以接受的量表边界值，α 系数值在 0.8 以上可认为量表的信度非常好。

效度是指能够测到该测验所欲测心理或行为特质到何种程度，即测验或量表所能正确测量的特质程度，反映了测验结果的正确性或可靠性。效度通常可分为三类：内容效度、效标关联效度和建构效度。内容效度指测验或量表内容或题目的适切性与代表性；效标关联效度指测验与外在校标间关系的程度，相关度越高，表示该测验的效标关联效度越高；建构效度指能够测量出理论特质或概念的程度。在实证研究中，通常采用因素分析来检验测验或量表的效度，而因研究目的的不同，因素分析又可分为探索性因素分析（EFA）和验证性因素分析（CFA）。多数实证研究中，通常使用探索性因素分析来检验量表的效度，也就是建构效度。目的在于找出量表潜在的结构，减少题项的数目，使之变为一组较少而彼此相关度较大的变量，而检验探索型因子分析最常用的方法就是因子分析。

3.4.1.1 工作不安全感量表的信度与效度分析

（1）工作不安全感量表的信度分析

信度分析结果显示，工作不安全感量表整体 α 系数值为 0.874，说明工作不安全量表内部一致性非常理想。此外，除了主要检验整体 α 系数外，我们还需从其他检验项说明量表的信度（见表 3-2）。

表 3-2 **项总计统计量**

	项已删除的刻度均值	项已删除的刻度方差	校正的项总计相关性	项已删除的 Cronbach's Alpha 值
A1	17.65	16.404	0.689	0.851

续表

	项已删除的刻度均值	项已删除的刻度方差	校正的项总计相关性	项已删除的 Cronbach's Alpha 值
A2	17.65	16.879	0.671	0.854
A3	17.46	17.320	0.550	0.870
A4	17.14	16.546	0.687	0.851
A5	17.04	16.679	0.641	0.858
A6	17.20	16.841	0.683	0.852
A7	17.23	16.528	0.657	0.856

表 3-2 中“校正的项总计相关性”表示每一个题项与其他题项加总后的相关系数，统计要求规定该项的系数值不能低于 0.4，如果相关系数太低，表示该题项与其他题项的关联性不高。而表中相关性数据显示均大于 0.4，说明工作不安全感量表各题项与其他题项同质性较高。此外，“项已删除的 Cronbach's Alpha 值”表示删除该项后，量表的内部一致性 α 系数改变值的大小。如表 3-2 所示，删除该题项后量表的 α 系数值全部略有降低，符合信度分析的统计要求，说明该量表的信度较佳。

（2）工作不安全感量表的效度分析

工作不安全感量表共包含 7 个题项，为判别该量表是否适合进行因子分析，首先需对工作不安全感量表施以 KMO 和 Bartlett 球形度检验，结果发现，KMO（Kaiser-Meyer-Olkin）值为 0.858（见表 3-3），大于 0.80，说明因子分析适切性良好，变量间净相关系数值较大，关联度较好。而 Bartlett 球形度检验结果显示，显著性概率为 0.000（$p<0.01$），达到显著水平，表明该量表适合进行因子分析。

表 3-3　**KMO 和 Bartlett 的检验**

取样足够度的 Kaiser-Meyer-Olkin 度量		0.858
Bartlett 的球形度检验	近似卡方	1275.850
	自由度（Df）	21
	显著性（Sig.）	0.000

本书因素分析采用主成分分析的方法，并根据 Kaiser 的特征值大于 1 的原则筛选因子，之所以采用该方法是因为当因素分析的题项数不超过 30 时，采用该方法萃取的因素比较可靠（见表 3-4）。

表 3-4　**解释的总方差**

成分	初始特征值			提取平方和载入			旋转平方和载入		
	合计	方差的解释率（%）	累积总方差解释率（%）	合计	方差的解释率（%）	累积总方差解释率（%）	合计	方差的解释率（%）	累积总方差解释率（%）
1	4.003	57.188	57.188	4.003	57.188	57.188	2.881	41.163	41.163
2	1.288	18.400	75.588	1.288	18.400	75.588	2.410	34.425	75.588

注：提取方法：主成分分析。

因子负荷矩阵显示，工作不安全感量表中特征值大于 1 的因子有 2 个，累计总方差解释率可达到 75.588%，说明提取的这两个因子可以较好地解释工作不安全感的结构。经过直交转轴的最大变异法旋转两个因子，得到转轴后的因子负荷矩阵，如表 3-5 所示。

工作不安全感量表因子分析结果显示，工作不安全感的 7 个题项全部归于 2 个因子中，且数量性工作不安全感包括 3 个题项，质量性工作不安全感包括 4 个题项，不需删除任何题项，各分量表的信度系数均略低于量表整体系数，符合统计要求。综上所述，工作不安全感量表具有良好的信度和效度，为后文的统计分析奠定了扎实的基础。

表 3-5　**旋转成分矩阵**

因子	题项	成分		方差贡献率（%）	累计方差贡献率（%）	α 系数
		1	2			
质量性工作不安全感	A7	0. 849		41. 163	41. 163	0. 869
	A5	0. 823				
	A6	0. 811				
	A4	0. 797				
数量性工作不安全感	A3		0. 881	34. 425	75. 588	0. 871
	A1		0. 852			
	A2		0. 840			

3. 4. 1. 2　工作压力量表的信度与效度分析

（1）工作压力量表的信度分析

通过对工作压力量表的信度检验，发现工作压力量表内部一致性系数（ α 系数）为 0. 894，大于 0. 8，说明工作压力量表内部一致性良好。且从量表的“项总计统计量”表（表 3-6）可知，“校正的项总计相关性”均大于 0. 4，“项已删除的 α 系数值”也均比整体量表 α 系数值略低，这些内容共同说明工作压力量表题项间关联度较高，同质性较好，信度理想。

表 3-6　**项总计统计量**

	项已删除的刻度均值	项已删除的刻度方差	校正的项总计相关性	项已删除的 Cronbach's Alpha 值
B1	39. 07	55. 560	0. 720	0. 881
B2	39. 17	57. 580	0. 634	0. 885
B3	39. 00	56. 908	0. 673	0. 883
B4	39. 05	58. 731	0. 523	0. 890
B5	38. 58	58. 221	0. 543	0. 889

续表

	项已删除的刻度均值	项已删除的刻度方差	校正的项总计相关性	项已删除的 Cronbach's Alpha 值
B6	38.59	59.018	0.534	0.889
B7	38.76	58.145	0.625	0.885
B8	38.96	60.818	0.536	0.889
B9	38.78	59.961	0.498	0.891
B10	38.86	58.720	0.582	0.887
B11	39.26	59.925	0.527	0.889
B12	38.96	58.886	0.564	0.888
B13	39.02	58.112	0.601	0.886
B14	39.13	58.788	0.545	0.889

（2）工作压力量表的效度分析

工作压力量表共包含 14 个题项，通过 KMO 和 Bartlett 球形度检验结果可知，KMO 检验值为 0.884，大于 0.8，且 Bartlett 的球形度检验显著性概率为 0.000（$p<0.01$），达到显著水平。这些数据（见表 3-7）共同说明工作压力量表因子间适切性较好，适合进行因子分析。

表 3-7　**KMO 和 Bartlett 的检验**

取样足够度的 Kaiser-Meyer-Olkin 度量		0.884
Bartlett 的球形度检验	近似卡方	2408.393
	自由度（Df）	91
	显著性（Sig.）	0.000

通过主成分分析，并抽取特征值大于 1 的因子，得到因子分析总方差解释量表，如图 3-8 所示。

表 3-8　　**解释的总方差**

成分	初始特征值			提取平方和载入			旋转平方和载入		
	合计	方差的%	累积%	合计	方差的%	累积%	合计	方差的%	累积%
1	5.944	42.455	42.455	5.944	42.455	42.455	2.943	21.018	21.018
2	1.713	12.233	54.688	1.713	12.233	54.688	2.893	20.665	41.683
3	1.327	9.480	64.168	1.327	9.480	64.168	2.213	15.805	57.489
4	1.133	8.091	72.259	1.133	8.091	72.259	2.068	14.770	72.259

注：提取方法：主成分分析。

表 3-8 显示，工作压力量表中特征值大于 1 的因子有 4 个，累计总方差解释率可达到 72.259%，说明提取的这四个因子可以较好地解释工作压力量表的结构。经过直交转轴的最大变异法旋转后的结果见表 3-9。

表 3-9　　**旋转成分矩阵**[a]

因子	题项	成分				方差贡献率（%）	累计方差贡献率（%）	α 系数
		1	2	3	4			
低自尊	B14	0.829				21.018	21.018	0.855
	B13	0.822						
	B12	0.806						
	B11	0.724						
焦虑	B2		0.832			20.665	41.683	0.872
	B3		0.811					
	B1		0.799					
	B4		0.727					
忧郁	B9			0.856		15.805	57.489	0.799
	B10			0.803				
	B8			0.697				

续表

因子	题项	成分				方差贡献率（%）	累计方差贡献率（%）	α 系数
		1	2	3	4			
疲劳	B5				0.833	14.770	72.259	0.794
	B6				0.824			
	B7				0.638			

工作压力量表因子分析结果显示，工作压力的 14 个题项全部归于 4 个因子中，且焦虑包括 4 个题项，疲劳包括 3 个题项，忧郁包括 3 个题项，低自尊包括 4 个题项，不需删除任何题项，各分量表的信度系数均略低于量表整体系数，符合统计要求，工作压力量表结构得以证实。综上所述，工作压力量表具有良好的信度和效度。

3.4.1.3 工作倦怠量表的信度与效度分析

（1）工作倦怠量表的信度分析

工作倦怠量表来自于国外权威问卷，共包含 15 个题项，通过对工作倦怠量表的信度检验，其内部一致性系数（α 系数）为 0.909，大于 0.9，说明工作倦怠量表内部一致性非常理想。此外，"项总计统计量" 表（见表 3-10）显示，"校正的项总计相关性" 都大于 0.4，"项已删除的 α 系数值" 也均比整体量表 α 系数值略低，说明工作倦怠量表整体同质性很高，信度理想。

表 3-10　**项总计统计量**

	项已删除的刻度均值	项已删除的刻度方差	校正的项总计相关性	项已删除的 Cronbach's Alpha 值
C1	40.79	64.328	0.670	0.900
C2	40.80	66.987	0.539	0.905
C3	40.78	66.118	0.585	0.904
C4	40.84	67.961	0.504	0.906
C5	41.19	65.471	0.681	0.900

续表

	项已删除的刻度均值	项已删除的刻度方差	校正的项总计相关性	项已删除的 Cronbach's Alpha 值
C6	41. 11	64. 648	0. 641	0. 902
C7	40. 95	66. 616	0. 551	0. 905
C8	40. 99	66. 926	0. 560	0. 904
C9	41. 01	66. 467	0. 581	0. 904
C10	41. 35	67. 460	0. 595	0. 903
C11	41. 33	66. 079	0. 680	0. 900
C12	41. 39	67. 020	0. 592	0. 903
C13	41. 46	66. 474	0. 623	0. 902
C14	41. 17	67. 511	0. 563	0. 904
C15	41. 46	65. 663	0. 664	0. 901

（2）工作倦怠量表的效度分析

通过 KMO 和 Bartlett 球形度检验结果可知，工作倦怠量表 KMO 检验值为 0. 914，大于 0. 9，且 Bartlett 的球形度检验显著性概率为 0. 000（$p<0.01$），达到显著水平（见表 3-11）。说明工作压力量表因素分析适切性极佳，极适合进行因子分析。

表 3-11　　**KMO 和 Bartlett 的检验**

取样足够度的 Kaiser-Meyer-Olkin 度量		0. 914
Bartlett 的球形度检验	近似卡方	2824. 317
	自由度（Df）	105
	显著性（Sig.）	0. 000

通过主成分分析，并抽取特征值大于 1 的因子，得到因子分析总方差解释量表，如图 3-12 所示。

表 3-12 **解释的总方差**

成分	初始特征值			提取平方和载入			旋转平方和载入		
	合计	方差的解释率（%）	累积总方差解释率（%）	合计	方差的解释率（%）	累积总方差解释率（%）	合计	方差的解释率（%）	累积总方差解释率（%）
1	6. 653	44. 355	44. 355	6. 653	44. 355	44. 355	3. 969	26. 458	26. 458
2	1. 943	12. 954	57. 309	1. 943	12. 954	57. 309	3. 324	22. 158	48. 616
3	1. 624	10. 824	68. 133	1. 624	10. 824	68. 133	2. 928	19. 517	68. 133

注：提取方法：主成分分析。

表 3-12 显示，工作倦怠量表可析出 3 个共同因子，累计总方差解释率可达到 68. 133%，说明该量表的信度较好。经过直交转轴的最大变异法旋转后的结果见表 3-13。

表 3-13 **旋转成分矩阵[a]**

因子	题项	成分			方差贡献率（%）	累计方差贡献率（%）	α 系数
		1	2	3			
低职业效能感	C15	0. 828			26. 458	26. 458	0. 897
	C14	0. 796					
	C11	0. 757					
	C13	0. 756					
	C12	0. 755					
	C10	0. 744					
情感衰竭	C2		0. 831		22. 158	48. 616	0. 875
	C3		0. 820				
	C4		0. 760				
	C1		0. 754				
	C5		0. 694				

续表

因子	题项	成分			方差贡献率（%）	累计方差贡献率（%）	α 系数
		1	2	3			
玩世不恭	C7			0.835	19.517	68.133	0.860
	C8			0.787			
	C6			0.781			
	C9			0.764			

工作倦怠量表因子分析结果显示，工作压力的 15 个题项全部归于 3 个因子中，不需删除任何题项，各分量表的信度系数均略低于量表整体系数，符合统计要求，工作倦怠量表结构得以证实。综上所述，工作倦怠量表具有良好的信度和效度。

3.4.2　各变量描述性分析

描述性统计分析可以将收集的原始数据经整理后变为有意义的信息或统计量，为研究者提供各变量的基本状况，本书将从均值、方差、最大值、最小值、偏度和峰度六个统计量描述工作不安全感、工作压力和工作倦怠三个变量的基本信息。

工作不安全感、工作压力和工作倦怠的描述性统计分析结果见表 3-14。

表 3-14　**描述统计量**

	样本量	极小值	极大值	均值	方差	偏度	峰度
工作不安全感	339	1.29	5.00	2.8900	0.456	0.209	−0.252
工作压力	339	1.43	4.71	2.9956	0.344	0.034	−0.316
工作倦怠	339	1.47	4.53	2.9363	0.336	−0.002	−0.442

本书所使用的量表均采用李克特 5 点计分法，从表 3-14 的结果来看，均值表示数据的集中趋势，工作不安全感总体均值达到 2.89，工作压力总体均值达到 2.9956，工作倦怠的均值达到

2.9363，均接近于中间值3，表明被调查对象的工作不安全感、工作压力和工作倦怠状况达到了中度水平，而工作压力的水平较其他两个变量略高。具体到各维度，质量性工作不安全感的均值（3.0767）大于数量性工作不安全感（2.6411），说明质量性工作不安全感相对而言更为严重；工作压力的四个维度均值由大至小排序为疲劳（3.2950）、忧郁（3.0747）、焦虑（2.8628）、低自尊（2.8444）；工作倦怠三个维度均值排序为情感衰竭（3.1622）、玩世不恭（3.0317）、低职业效能感（2.6844）。

此外，总体而言，各变量分布正常。除工作不安全感的极大值出现极端值5以外，其他变量的极大值和极小值都处于正常范围。从各变量的偏度和峰度来看，偏度是指大部分数值落在平均值的某一边，偏度系数指的是变量分布的对称程度。本书的研究结果表明，工作不安全感和工作压力的偏度均大于0，为右偏态，表明分数多集中在较低数值一方，工作倦怠的偏度小于0，为左偏态，表明分数多集中于较高数值一方，这三个变量虽偏态程度不同，但偏度系数的绝对值均较小，偏幅不大。而峰度是指表示数据分布的平坦或陡峭程度，从表3-14数据来看，三个变量的峰度均小于0，表明三个变量的分布形成了低阔峰，但各峰度系数的绝对值并不大，说明数据分布较为平缓。另外，根据Mardia（1985）的研究结论，研究数据的峰度和偏度系数最佳范围为正负2之间，本书的研究数据均在此范围之内，说明各变量整体分布良好。

3.4.3 差异分析

在问卷调查的研究中，平均数差异检验主要用于分析控制变量的不同水平是否会对观测变量产生显著影响。本书为了解人口统计学变量及其他控制变量对工作不安全感、工作压力和工作倦怠三个变量是否存在显著差异，需进行平均数差异检验。常用的检验方法为独立样本 t 检验和单因子方差分析。而根据不同的适用条件和适用时机，本书将对性别采用独立样本 t 检验，对其他控制变量（年龄、学历、工龄等）采用单因了方差分析。

3.4.3.1　基于性别的差异检验

工作不安全感、工作压力及工作倦怠各变量基于性别的差异检验结果如表 3-15 所示。

表 3-15　　**独立样本检验**

变量	性别	样本量	均值		方差方程的 Levene 检验		均值方程的 t 检验				
										差分的 95%置信区间	
					F	Sig.	t	df	Sig.（双侧）	下限	上限
工作不安全感	男	183	2.9212	假设方差相等	2.716	0.100	0.920	337	0.358	-0.07702	0.21238
	女	156	2.8535								
工作压力	男	183	2.9988	假设方差相等	1.909	0.168	0.111	337	0.912	-0.11875	0.13289
	女	156	2.9918								
工作倦怠	男	183	2.9650	假设方差相等	3.518	0.062	0.988	337	0.324	-0.06188	0.18681
	女	156	2.9026								

表 3-15 的独立样本检验显示，工作不安全感、工作压力和工作倦怠在性别控制变量上的均值差异不大，同时根据 Levene 检验发现，三个变量的 F 统计量分别为 2.716、1.909 和 3.518，对应显著性概率均大于 0.05，未达到显著水平，接受虚无假设，将两组方差视为相等。而关于工作不安全感、工作压力和工作倦怠三个变量中，t 检验对应的显著性概率 p 值均大于 0.05，未能达到显著水平，说明不同性别的被测对象在工作不安全感、工作压力和工作倦怠的感知水平不存在显著差异。

3.4.3.2　基于年龄的差异检验

因单因子方差分析适合于三个以上群体间平均数差异检验，故而除性别外的其他控制变量都需采用单因子方差分析进行检验，工作不安全感、工作压力和工作倦怠各变量基于年龄的差异分析结果如表 3-16、表 3-17 所示。

表 3-16　　**ANOVA**

		平方和	Df	均方	*F*	显著性
工作不安全感	组间	3.040	3	1.013	2.249	0.082
	组内	150.921	335	0.451		
	总数	153.960	338			
工作压力	组间	3.591	3	1.197	3.564	0.014
	组内	112.520	335	0.336		
	总数	116.111	338			
工作倦怠	组间	3.638	3	1.213	3.689	0.012
	组内	110.097	335	0.329		
	总数	113.735	338			

根据方差分析摘要表的检验结果，对于工作不安全感依变量，整体检验 F 值为 2.249（$p=0.082>0.05$），未能达到显著水平，因此接受虚无假设，表示不同年龄的被测对象在工作不安全感方面没有显著差异。而对于工作压力和工作倦怠依变量，整体检验 F 值分别为 3.564（$p=0.014<0.05$）和 3.689（$p=0.012<0.05$），均达到显著水平，因此需拒绝虚无假设，接受对立假设，即不同年龄阶段的员工在工作压力和工作倦怠方面差异显著。为了探究工作压力和工作倦怠依变量在不同年龄阶段的哪些层次达到显著差异，还需进行事后多重比较（见表 3-17）。

事后比较是采用两两配对的方式进行，本书抽取了数据结果的部分内容。从表 3-17 中展示的结果可以看出，工作压力在不同年龄段的被试之间存在显著差异是因为 31~40 岁与 51 岁以上两组差异达到显著性水平，以及 41~50 岁与 51 岁以上两组也达到显著性水平。也就是说处于 31~40 岁和 41~50 岁年龄段的被试要比处于 51 岁以上年龄段的被试感知到的压力感更多。另外，也可以从事后比较表中推断出在工作压力的感知方面不同年龄段从大到小的排序依次为 31~40 岁、41~50 岁、30 岁（含）以下、51 岁（含）以上。这个排序与各年龄阶段的描述性统计中均值顺序一致。

表 3-17　　　　　　　　　　　**多 重 比 较**

因变量	(I) 年龄变更	(J) 年龄变更	均值差 (I-J)	标准误	显著性	95%置信区间	
						下限	上限
工作压力	30 岁（含）以下	51 岁（含）以上	0.28742	0.12939	0.120	−0.0467	0.6215
		30 岁（含）以下	0.11599	0.07485	0.409	−0.0773	0.3092
	31~40 岁	41~50 岁	0.00359	0.09423	1.000	−0.2397	0.2469
		51 岁（含）以上	0.40341*	0.13441	0.015	0.0564	0.7505
	41~50 岁	30 岁（含）以下	0.11240	0.08693	0.568	−0.1120	0.3369
		51 岁（含）以上	0.39982*	0.14150	0.026	0.0345	0.7652
工作倦怠	30 岁（含）以下	51 岁（含）以上	0.35822*	0.12799	0.028	0.0277	0.6887
		30 岁（含）以下	0.02511	0.07404	0.987	−0.1661	0.2163
	31~40 岁	51 岁（含）以上	0.38333*	0.13296	0.022	0.0400	0.7266
		30 岁（含）以下	0.10045	0.08599	0.647	−0.1216	0.3225
	41~50 岁	31~40 岁	0.07535	0.09321	0.851	−0.1653	0.3160
		51 岁（含）以上	0.45867*	0.13996	0.006	0.0973	0.8201

注：* 均值差的显著性水平为 0.05。

对于工作倦怠依变量，30 岁（含）以下、31~40 岁和 41~50 岁三个年龄段均与 51 岁（含）以上的被试达到显著水平，换句话说，30 岁（含）以下、31~40 岁和 41~50 岁这三个年龄的被试与 51 岁（含）以上的被试在工作倦怠感知方面存在显著差异，均比 51 岁（含）以上的员工感知的倦怠感更为强烈。不同年龄阶段的员工在工作倦怠感知方面从大到小的排序依次是 41~50 岁、31~40 岁、30 岁（含）以下、51 岁（含）以上。这个结论与以往学者们的研究结论一致，相对于 30 岁（含）以下和 51 岁（含）以上的员工，处于 31~40 岁以及 41~50 岁的员工往往要承担更多的责任，从而也就承受更多的压力，感觉到的压力和倦怠感也会更为强烈一些。

3.4.3.3　基于婚姻状况的差异检验

工作不安全感、工作压力与工作倦怠各变量基于婚姻状况的差异性分析结果见表3-18和表3-19。

表3-18 **ANOVA**

		平方和	Df	均方	*F*	显著性
工作不安全感	组间	2.794	2	1.397	3.106	0.046
	组内	151.166	336	0.450		
	总数	153.960	338			
工作压力	组间	3.475	2	1.737	5.183	0.006
	组内	112.636	336	0.335		
	总数	116.111	338			
工作倦怠	组间	4.728	2	2.364	7.286	0.001
	组内	109.007	336	0.324		
	总数	113.735	338			

表3-19 **多重比较**

因变量	(*I*)婚姻状况	(*J*)婚姻状况	均值差(*I-J*)	标准误	显著性	95%置信区间	
						下限	上限
工作不安全感	未婚	已婚	0.03185	0.07630	0.908	-0.1478	0.2115
		未婚	0.33088	0.14851	0.068	-0.0187	0.6805
	其他	已婚	0.36273*	0.14581	0.035	0.0195	0.7060
工作压力	未婚	已婚	0.02339	0.06586	0.933	-0.1317	0.1784
		未婚	0.37903*	0.12819	0.009	0.0772	0.6808
	其他	已婚	0.40242*	0.12586	0.004	0.1061	0.6987
工作倦怠	未婚	已婚	0.00815	0.06479	0.991	-0.1444	0.1607
		未婚	0.45556*	0.12611	0.001	0.1587	0.7524
	其他	已婚	0.46370*	0.12382	0.001	0.1722	0.7552

注：*均值差的显著性水平为0.05。

根据方差分析摘要表的检验结果，对于工作不安全感、工作压力和工作倦怠三个依变量，显著性概论 p 值均小于 0.05，均达到显著水平，拒绝虚无假设，接受对立假设，即婚姻状况的不同的员工，其对工作不安全感、工作压力和工作倦怠的感知也不同。进一步的事后检验见表 3-19。

从表 3-19 的检验结果来看，对于工作不安全感依变量，婚姻状况为其他的员工与已婚员工表现出显著性差异，这里的其他指离异等情况，也就是说离异等婚姻状况的员工比已婚员工体验到更多的不安全感。对于工作压力和工作倦怠依变量，离异的员工与未婚员工、已婚员工均呈现显著性差异，也就是说离异员工相比未婚员工、已婚员工，感知到的工作压力和工作倦怠感存在很大不同。进一步地，推断这三个依变量基于婚姻状况的排序由大至小均为其他（离异）、未婚、已婚。这个结果比较符合常理，离异员工失去了家庭的支持，丧失了家庭给予的安全感，因而会体验到更多的不安全感、压力和倦怠。而未婚员工同样还未能获得家庭的支持和保护，往往拥有更多的孤独感和不确定性，因而对工作不安全感、工作压力和工作倦怠的感知也比已婚员工强烈一些。

3.4.3.4　基于学历的差异检验

工作不安全感、工作压力和工作倦怠基于学历的差异性检验结果如表 3-20 所示。

表 3-20　**ANOVA**

		平方和	Df	均方	*F*	显著性
工作不安全感	组间	9.596	4	2.399	4.160	0.003
	组内	190.889	331	0.577		
	总数	200.485	335			
工作压力	组间	4.738	4	1.184	3.182	0.014
	组内	123.194	331	0.372		
	总数	127.931	335			

续表

		平方和	Df	均方	F	显著性
工作倦怠	组间	5.344	4	1.336	4.153	0.003
	组内	106.470	331	0.322		
	总数	111.814	335			

根据方差分析摘要表的检验结果，对于工作不安全感、工作压力和工作倦怠三个依变量，整体检验 F 值分别为 4.160（$p=0.003<0.05$）、3.182（$p=0.014<0.05$）和 4.153（$p=0.003<0.05$），均达到显著水平，因此拒绝虚无假设，表示不同学历的被测对象在工作不安全感、工作压力和工作倦怠方面存在显著差异。事后比较的详细结果见表 3-21。

表 3-21　　多重比较

因变量	(I) 学历	(J) 学历	均值差 (I-J)	标准误	显著性	95%置信区间	
						下限	上限
工作不安全感	初中及以下	本科	0.04598	0.13009	0.997	-0.3108	0.4028
		大专	0.19107	0.13843	0.641	-0.1886	0.5708
	中专及高中	本科	0.36936*	0.13099	0.041	0.0101	0.7287
		硕士及以上	0.56745*	0.15120	0.002	0.1527	0.9822
	大专	初中及以下	0.13231	0.13758	0.872	-0.2451	0.5097
		硕士及以上	0.37637*	0.13596	0.047	0.0035	0.7493
	本科	硕士及以上	0.19808	0.12838	0.535	-0.1540	0.5502
工作压力	初中及以下	本科	0.01665	0.10451	1.000	-0.2700	0.3033
	中专及高中	初中及以下	0.15367	0.12264	0.720	-0.1827	0.4900
		中专及高中	0.03428	0.11121	0.998	-0.2708	0.3393
	大专	硕士及以上	0.34295*	0.10922	0.016	0.0434	0.6425
	本科	硕士及以上	0.13835	0.10313	0.665	-0.1445	0.4212

续表

因变量	(*I*) 学历	(*J*) 学历	均值差 (*I-J*)	标准误	显著性	95%置信区间	
						下限	上限
工作倦怠	初中及以下	本科	0.07493	0.09716	0.939	-0.1916	0.3414
	中专及高中	初中及以下	0.09140	0.11401	0.930	-0.2213	0.4041
		硕士及以上	0.32904*	0.11292	0.031	0.0193	0.6388
	大专	中专及高中	0.04617	0.10338	0.992	-0.2374	0.3297
		硕士及以上	0.37521*	0.10154	0.002	0.0967	0.6537
	本科	硕士及以上	0.16271	0.09588	0.437	-0.1003	0.4257

注：* 表示均值差的显著性水平为 0.05。

事后比较结果显示，对于工作不安全感依变量，中专及高中学历的员工与本科、硕士以上学历的员工感知差异较大，即中专及高中学历的员工比本科、硕士学历及以上的员工体验到更多的工作不安全感。同时，大专学历的员工也比硕士以上学历的员工感知到更高的工作不安全感。基于学历的工作不安全感程度由大至小依次为中专及高中、大专、高中及以下、本科、硕士及以上。对于工作压力依变量，只有大专学历的员工与硕士及以上学历的员工表现出明显差异，大专学历的员工感知到的工作压力要比硕士及以上学历员工高。基于学历的工作压力程度由大至小依次为大专、中专及高中、初中及以下、本科、硕士及以上。对于工作倦怠依变量，学历为中专及高中、大专的员工与学历为硕士及以上的员工在感知工作倦怠方面差异显著，中专及高中学历和大专学历的员工感受到更高的工作倦怠感，其倦怠感排序从大到小依次为大专、中专及高中、初中及以下、本科、硕士及以上。综上所述，较低学历的员工比高等学历员工感受到更大的工作不安全感、工作压力和工作倦怠。

3.4.3.5　基于工龄的差异检验

工作不安全感、工作压力和工作倦怠基于工龄的差异性检验结果如表 3-22、表 3-23 所示。

表 3-22　**ANOVA**

		平方和	Df	均方	F	显著性
工作不安全感	组间	4.598	3	1.533	3.438	0.017
	组内	149.362	335	0.446		
	总数	153.960	338			
工作压力	组间	3.431	3	1.144	3.400	0.018
	组内	112.680	335	0.336		
	总数	116.111	338			
工作倦怠	组间	2.777	3	0.926	2.795	0.040
	组内	110.958	335	0.331		
	总数	113.735	338			

根据方差分析摘要表的检验结果，对于工作不安全感、工作压力和工作倦怠三个依变量，基于工龄的整体差异检验 F 值分别为 3.438（$p=0.017<0.05$）、3.400（$p=0.018<0.05$）和 2.795（$p=0.040<0.05$），均达到显著水平，因此拒绝虚无假设，说明不同工龄的员工在工作不安全感、工作压力和工作倦怠感知上存在显著不同。具体的组间分析见表 3-23。

表 3-23　**多重比较**

因变量	(I) 工龄	(J) 工龄	均值差 (I-J)	标准误	显著性	95%置信区间	
						下限	上限
工作不安全感	1 年(含)以下	10 年以上	0.03728	0.10981	0.987	−0.2462	0.3208
	2~5 年	1 年(含)以下	0.07298	0.10818	0.907	−0.2063	0.3523
	6~10 年	2~5 年	0.21186	0.10283	0.168	−0.0536	0.4774
		10 年以上	0.32213*	0.10454	0.012	0.0522	0.5920

续表

因变量	(I) 工龄	(J) 工龄	均值差 (I-J)	标准误	显著性	95%置信区间	
						下限	上限
工作压力	1 年(含)以下	10 年以上	0.03695	0.09538	0.980	-0.2093	0.2832
	2~5 年	1 年(含)以下	0.08822	0.09397	0.784	-0.1544	0.3308
	6~10 年	2~5 年	0.15110	0.08931	0.330	-0.0795	0.3817
		10 年以上	0.27626*	0.09080	0.013	0.0418	0.5107
工作倦怠	1 年(含)以下	10 年以上	0.07228	0.09465	0.871	-0.1721	0.3167
	2~5 年	1 年(含)以下	0.02785	0.09324	0.991	-0.2129	0.2686
		2~5 年	0.15870	0.08863	0.280	-0.0701	0.3875
	6~10 年	10 年以上	0.25882*	0.09010	0.022	0.0262	0.4915

注：* 表示均值差的显著性水平为 0.05。

经过进一步事后比较，表 4-21 说明对于工作不安全感、工作压力和工作倦怠三个依变量，均是工龄为 6~10 年的员工与工龄为 10 年以上的员工达到显著性差异。也就是说工龄为 6~10 年的员工所感知的工作不安全感、工作压力和工作倦怠程度远远大于工龄为 10 年以上的员工。基于不同工龄的工作不安全感、工作压力和工作倦怠程度排序由大到小依次为 6~10 年、2~5 年、1 年（含）以下、10 年以上。

3.4.3.6　基于职位的差异检验

工作不安全感、工作压力和工作倦怠基于职位的差异检验结果见表 3-24。

表 3-24　**ANOVA**

		平方和	Df	均方	F	显著性
工作不安全感	组间	2.417	3	0.806	1.781	0.151
	组内	151.543	335	0.452		
	总数	153.960	338			

续表

		平方和	Df	均方	F	显著性
工作压力	组间	0.845	3	0.282	0.818	0.484
	组内	115.266	335	0.344		
	总数	116.111	338			
工作倦怠	组间	1.238	3	0.413	1.229	0.299
	组内	112.497	335	0.336		
	总数	113.735	338			

根据方差分析摘要表的检验结果，对于工作不安全感、工作压力和工作倦怠三个依变量，基于工龄的整体差异检验 F 值分别为 1.781(p =0.151 > 0.05)、0.818(p = 0.484 > 0.05) 和 1.299(p = 0.299 > 0.05)，均未达到显著水平，表明不同职位上的员工在工作不安全感、工作压力和工作倦怠感知上不存在显著差异。但从均值来看，中高层管理人员的工作不安全感、工作压力和工作倦怠程度较普通员工和基层管理人员高，这是因为中高层管理人员通常比普通员工承担更多的职责，他们的决策直接影响企业的兴亡，故而感知到的不安全感、压力感和倦怠感更多。

3.4.3.7 基于企业性质的差异检验

工作不安全感、工作压力和工作倦怠基于不同企业性质的差异性检验结果如表 3-25。

根据方差分析摘要表的检验结果，对于工作不安全感和工作倦怠依变量，其整体差异 F 值分别为 2.564(p = 0.055 > 0.05)、2.541(p = 0.058 > 0.05)，未能达到显著水平，接受虚无假设，即不同企业性质的员工在工作不安全感和工作倦怠感知方面没有显著差异。但根据工作不安全感和工作倦怠基于企业性质的描述性统计结果，均值由大到小的排序为民营企业、事业单位、合资或外资企业、国有企业。对于工作压力依变量，基于企业性质的整体差异检验 F 值为 5.132(p = 0.002 < 0.05)，达到显著水平，拒绝虚无假设，说明不同企业性质的员工所感知到的工作压力存在显著差异。

事后检验见表 3-26。

表 3-25　　**ANOVA**

		平方和	Df	均方	*F*	显著性
工作不安全感	组间	4. 509	3	1. 503	2. 564	0. 055
	组内	196. 383	335	0. 586		
	总数	200. 892	338			
工作压力	组间	5. 648	3	1. 883	5. 132	0. 002
	组内	122. 900	335	0. 367		
	总数	128. 548	338			
工作倦怠	组间	2. 953	3	0. 984	2. 541	0. 058
	组内	110. 225	335	0. 329		
	总数	113. 177	338			

表 3-26　　**多重比较**

因变量	(*I*) 企业性质重编	(*J*) 企业性质重编	均值差 (*I-J*)	标准误	显著性	95%置信区间	
						下限	上限
工作压力	事业单位	国有企业	0. 31245*	0. 08963	0. 003	0. 0810	0. 5439
		民营企业	0. 10859	0. 11731	0. 791	-0. 1943	0. 4115
	民营企业	合资或外资企业	0. 06597	0. 09286	0. 893	-0. 1738	0. 3057
		国有企业	0. 20386	0. 10836	0. 238	-0. 0759	0. 4836
	合资或外资企业	国有企业	0. 24648*	0. 08126	0. 014	0. 0367	0. 4563
		民营企业	0. 04262	0. 11105	0. 981	-0. 2441	0. 3293

注：* 表示均值差的显著性水平为 0. 05。

经过多重比较，事业单位、合资或外资企业的员工与国有企业员工在工作压力的感知程度上呈现显著差异，也就是说事业单位、合资或外资企业的员工感受到的工作压力感比国有企业员工强烈。进一步我们可以从表 3-26 中推断出工作压力基于企业性质的感知程度排序由大至小依次为事业单位、合资或外资企业、民营企业、国有企业。上述研究结果与以往结论类似，国有企业员工的工作压力感、工作倦怠感一般相对较低，是因为国有企业员工工作任务较为轻松，拥有较为充裕的时间，压力自然偏低。

3.4.3.8 基于企业规模的差异检验

工作不安全感、工作压力和工作倦怠基于不同企业规模的差异化检验结果见表 3-27。

表 3-27 **ANOVA**

		平方和	Df	均方	*F*	显著性
工作不安全感	组间	1.060	4	0.265	0.579	0.678
	组内	152.901	334	0.458		
	总数	153.960	338			
工作压力	组间	1.461	4	0.365	1.064	0.374
	组内	114.649	334	0.343		
	总数	116.111	338			
工作倦怠	组间	0.727	4	0.182	0.537	0.708
	组内	113.008	334	0.338		
	总数	113.735	338			

根据方差分析摘要表的检验结果，对于工作不安全感、工作压力和工作倦怠三个依变量，整体 F 值分别为 0.579($p = 0.678 > 0.05$)、1.064($p = 0.374 > 0.05$) 以及 0.537($p = 0.708 > 0.05$)，均未能达到显著水平，说明基于不同企业规模的员工在工作不安全感、工作压力和工作倦怠感知方面没有显著差异。

3.4.3.9 基于工作性质的差异检验

工作不安全感、工作压力和工作倦怠基于不同工作性质的差异化检验结果见表 3-28。

表 3-28 **ANOVA**

		平方和	Df	均方	F	显著性
工作不安全感	组间	7.905	3	2.635	6.044	0.001
	组内	146.055	335	0.436		
	总数	153.960	338			
工作压力	组间	6.608	3	2.203	6.739	0.000
	组内	109.502	335	0.327		
	总数	116.111	338			
工作倦怠	组间	5.531	3	1.844	5.708	0.001
	组内	108.204	335	0.323		
	总数	113.735	338			

根据方差分析摘要表的检验结果，对于工作不安全感、工作压力和工作倦怠三个依变量，整体检验 F 值分别为 6.044($p = 0.001 < 0.05$)、6.739($p = 0.000 < 0.05$) 以及 5.708($p = 0.001 < 0.05$)，均达到显著水平，说明基于不同工作性质的员工在工作不安全感、工作压力和工作倦怠感知水平存在显著差别。而具体差异体现在表 3-29。

事后检验结果表明，对于工作不安全感依变量，制造类企业员工与技术类、行政支持和服务类员工的工作不安全感感知水平差异显著，制造类企业员工不安全感最为严重。不同工作性质员工的工作不安全感感知程度由大至小依次为制造类、市场类、行政支持和服务类、技术类。对于工作压力依变量，制造类员工与市场类、技术类、行政支持和服务类员工在工作压力感知程度上存在显著差异，制造类员工的工作压力最大，其他工作性质工作压力感知程度排序由大至小依次为市场类、技术类、行政支持和服务类。对于工作倦怠依变量，制造类员工与市场类、行政支持和服务类员工的感知水平差异明显，制造类员工的工作倦怠感最强，其次为技术类、行政支持和服务类、市场类。综上所述，制造类员工的工作不安全感、工作压力和工作倦怠最为严重，行政支持和服务类员工感知的水平相对较低，与以往学者研究结论相近。

表 3-29 **多重比较**

因变量	(I) 工作性质	(J) 工作性质	均值差(I－J)	标准误	显著性	95%置信区间	
						下限	上限
工作不安全感	市场类	行政支持和服务类	0.10312	0.11295	0.798	-0.1885	0.3947
		市场类	0.21651	0.11142	0.212	-0.0712	0.5042
	制造类	技术类	0.36064*	0.10303	0.003	0.0946	0.6267
		行政支持和服务类	0.31964*	0.08793	0.002	0.0926	0.5467
	行政支持和服务类	技术类	0.04101	0.10468	0.980	-0.2293	0.3113
工作压力	市场类	技术类	0.03179	0.10829	0.991	-0.2478	0.3114
	技术类	行政支持和服务类	0.03080	0.09064	0.986	-0.2032	0.2648
		市场类	0.25034*	0.09648	0.048	0.0012	0.4994
	制造类	技术类	0.28213*	0.08921	0.009	0.0518	0.5125
		行政支持和服务类	0.31293*	0.07614	0.000	0.1164	0.5095
工作倦怠	技术类	行政支持和服务类	0.13016	0.09010	0.472	-0.1025	0.3628
		市场类	0.30881*	0.09590	0.008	0.0612	0.5564
	制造类	技术类	0.14310	0.08868	0.372	-0.0859	0.3721
		行政支持和服务类	0.27326*	0.07568	0.002	0.0778	0.4687
	行政支持和服务类	市场类	0.03556	0.09721	0.983	-0.2154	0.2866

注：* 表示均值差的显著性水平为 0.05。

综上所述，工作不安全感、工作压力和工作倦怠三个依变量基于性别等控制变量的平均数差异检验结果表明，不同依变量在不同控制变量上差异显著。

3.4.4 相关分析

相关分析主要用以刻画变量之间的关联程度。该方法由 K. Pearson 创建，又称为积差相关。积差相关系数值介于正负 1 之间，为正表示两个变量正相关，为负则表示负相关，而相关系数的绝对值则表示系数大小或强弱，绝对值越大则关联性越强，同时也可根据相关系数显著性检验的概率值判定其显著性。本书将采用积差相关方法分析工作不安全感、工作压力及工作倦怠三个变量之间的相关性。

3.4.4.1 工作不安全感与工作倦怠的相关分析

工作不安全感与工作倦怠的相关关系如表 3-30 所示。

表 3-30 工作不安全感与工作倦怠间的相关矩阵表

	工作不安全感总体	数量性工作不安全感	质量性工作不安全感	情感衰竭	玩世不恭	低职业效能感	工作倦怠总体
工作不安全感总体	1						
数量性工作不安全感	0.832**	1					
质量性工作不安全感	0.901**	0.508**	1				
情感衰竭	0.427**	0.451**	0.310**	1			
玩世不恭	0.370**	0.388**	0.270**	0.472**	1		
低职业效能感	0.581**	0.445**	0.554**	0.474**	0.483**	1	
工作倦怠总体	0.579**	0.533**	0.482**	0.808**	0.776**	0.832**	1

注：** 表示在 0.01 水平（双侧）上显著相关。

相关分析结果说明，工作不安全感总体及各维度与工作倦怠总体及各维度之间呈正相关关系，所有相关系数为正值，且相关性显著。其中工作不安全感总体与工作倦怠总体相关系数为 0.579，达到中度相关。除玩世不恭与工作不安全感及各维度相关性普遍较低外，其他维度之间的相关性均达到了中度水平。这说明工作不安全感及各维度与工作倦怠及各维度之间的相关性较为一致，员工感知到的工作不安全感程度越高，工作倦怠的感受也越为强烈。

3.4.4.2 工作不安全感与工作压力的相关分析

工作不安全感与工作压力的相关关系如表 3-31 所示。

表 3-31　**工作不安全感与工作压力间的相关矩阵表**

	工作不安全感总体	数量性工作不安全感	质量性工作不安全感	焦虑	疲劳	忧郁	低自尊	工作压力总体
工作不安全感总体	1							
数量性工作不安全感	0.832**	1						
质量性工作不安全感	0.901**	0.508**	1					
焦虑	0.576**	0.631**	0.399**	1				
疲劳	0.469**	0.488**	0.347**	0.518**	1			
忧郁	0.342**	0.398**	0.219**	0.472**	0.480**	1		
低自尊	0.545**	0.405**	0.529**	0.453**	0.410**	0.388**	1	
工作压力总体	0.646**	0.636**	0.504**	0.828**	0.760**	0.718**	0.756**	1

注：** 表示在 0.01 水平（双侧）上显著相关。

如表 3-31 所示，所有的相关系数都为正值，表明工作不安全感及各维度与工作压力及各维度呈正相关关系，且相关性显著。其中工作不安全感总体与工作压力总体相关系数为 0.646，达到中度相关。除工作不安全感及各维度与忧郁的相关度偏低外，其他各维度之间相关关系均达到中度水平，说明工作不安全感及各维度与工作压力总体及各维度关系密切，随着工作不安全感程度的提高，工作压力也增大。

3.4.4.3　工作压力与工作倦怠的相关分析

工作压力与工作倦怠的相关关系如表 3-32 所示。

表 3-32　　工作压力与工作倦怠间的相关矩阵表

	工作压力总体	焦虑	疲劳	忧郁	低自尊	情感衰竭	玩世不恭	低职业效能感	工作倦怠总体
工作压力总体	1								
焦虑	0.828**	1							
疲劳	0.760**	0.518**	1						
忧郁	0.718**	0.472**	0.480**	1					
低自尊	0.756**	0.453**	0.410**	0.388**	1				
情感衰竭	0.653**	0.595**	0.584**	0.449**	0.380**	1			
玩世不恭	0.566**	0.472**	0.501**	0.463**	0.330**	0.472**	1		
低职业效能感	0.647**	0.536**	0.382**	0.349**	0.655**	0.474**	0.483**	1	
工作倦怠总体	0.775**	0.666**	0.600**	0.514**	0.580**	0.808**	0.776**	0.832**	1

注：** 表示在 0.01 水平（双侧）上显著相关。

表 3-32 相关分析结果显示，工作压力及各维度与工作倦怠及各维度呈现显著正相关关系，工作压力总体与工作倦怠总体相关系数为 0.775，达到高度相关。工作压力各维度与工作倦怠各维度相关度普遍较高，特别是工作压力各维度与情感衰竭维度，相关性达到中度以上。且工作压力总体与工作倦怠总体的相关度最高，说明二者间关联性较强，员工感知到的工作压力越大，其工作倦怠感

越强。

3.4.5　回归分析

相关分析和回归分析都可以反映变量之间的关系，但侧重点不同，回归分析是对变量间关联性分析的进一步完善，通过回归方程解释变量之间的关系会更为明确。回归分析中自变量也称为预测变量，依变量又称为效标变量。根据回归分析中涉及变量的个数，回归分析可分为简单直线回归分析和多元线性回归分析。多元线性回归分析的目的在于找出一个自变量的线性组合，以简洁地说明一组预测变量与效标变量之间的关系。本书涉及的回归分析多为多元线性回归分析，并通过使用强迫进入变量法进一步分析工作不安全感、工作压力和工作倦怠的因果关系和影响程度。

3.4.5.1　工作不安全感对工作倦怠的回归分析

(1) 工作不安全感对情感衰竭的回归分析

以工作倦怠中的情感衰竭为效标变量，工作不安全感各维度为预测变量，采用多元线性回归中的强迫进入变量法进行回归分析。回归分析结果见表3-33。

表3-33　**情感衰竭与工作不安全感各维度回归分析结果**[a]

模型	非标准化系数	标准系数	T	Sig.	R 方	调整的 R 方	F 检验	显著性 Sig.	Durbin-Watson	共线性统计量	
										容差	VIF
(常量)	1.871		11.890	0.000	0.212	0.208	45.270	0.000	1.680		
数量性工作不安全感	0.366	0.396	7.039	0.000						0.742	1.348
质量性工作不安全感	0.105	0.109	1.938	0.053						0.742	1.348

a. 因变量：情感衰竭。

如表 3-33 所示，工作不安全感的两个预测变量和情感衰竭的决定系数（R^2）为 0. 212，表明工作不安全感的两个预测变量可以解释情感衰竭 21. 2% 的变异量。变量显著性检验 F 值为 45. 270，显著性检验 p 值为 0. 000，小于 0. 05 的显著水平，说明回归模型 1 整体解释变异量达到显著水平。从回归模型 1 的回归系数显著性检验可知，标准化系数的绝对值越大，自变量对效标变量的影响越大。而数量性工作不安全感的标准系数远大于质量性工作不安全感的标准系数，说明数量性工作不安全感对情感衰竭的影响更大。同时，数量性工作不安全感的回归系数检验显著（$p = 0.000 < 0.05$），质量性工作不安全感的回归系数不显著（$p = 0.053 > 0.05$），因此，数量性工作不安全感会对情感衰竭产生显著影响，而质量性工作不安全感对情感衰竭没有显著影响。另外，Durbin-Watson 检验统计量可以反映残差项是否独立，当 DW 数值越接近 2 时，表示残差项无自我相关，表中 DW 数值为 1. 680，接近于 2，说明残差项独立性良好。使用强迫进入法进行回归分析时，必须注意共线性问题。通过容忍度和方差膨胀系数（VIF）可进行共线性问题检验，如果容忍度值大于 0. 1，VIF 值小于 10，预测变量间就不存在多元共线性问题。表中容忍度值为 0. 742，大于 0. 1，VIF 值为 1. 348，小于 10，说明工作不安全感预测变量不存在多元线性问题。

（2）工作不安全感对玩世不恭的回归分析

以工作倦怠中的玩世不恭为效标变量，工作不安全感各维度为预测变量，进行多元线性回归分析，结果如表 3-34 所示。

回归分析结果显示，工作不安全感的两个预测变量和玩世不恭的决定系数（R^2）为 0. 158，表明工作不安全感的两个预测变量可以解释玩世不恭 15. 8% 的变异量。变量显著性检验 F 值为 31. 469，显著性检验 p 值为 0. 000，小于 0. 05 的显著水平，说明回归模型 2 整体解释变异量达到显著水平。通过回归模型的回归系数显著性检验可知，数量性工作不安全感的标准系数大于质量性工作不安全感的标准系数，说明数量性工作不安全感对玩世不恭的影响更大。同时，数量性工作不安全感的回归系数检验显著（$p = 0.000 < 0.05$），质量性工作不安全感的回归系数不显著（$p = 0.091 > 0.05$），因此，

表 3-34 玩世不恭与工作不安全感各维度回归分析结果[a]

模型 2	非标准化系数	标准系数	T	Sig.	R 方	调整的 R 方	F 检验	显著性 Sig.	Durbin-Watson	共线性统计量	
										容差	VIF
(常量)	1.862		10.942	0.000							
数量性工作不安全感	0.327	0.338	5.816	0.000	0.158	0.153	31.469	0.000	1.618	0.742	1.348
质量性工作不安全感	0.099	0.098	1.692	0.091						0.742	1.348

a. 因变量：玩世不恭。

数量性工作不安全感会对玩世不恭产生显著影响，而质量性工作不安全感对玩世不恭的影响并不明显。此外，Durbin-Watson 检验统计量数值为 1.618，接近于 2，说明残差项独立性良好。

（3）工作不安全感对低职业效能感的回归分析

以工作倦怠中的低职业效能感为效标变量，工作不安全感各维度为预测变量，进行多元线性回归分析，结果如表 3-35 所示。

表 3-35 低职业效能感与工作不安全感各维度回归分析结果[a]

模型 3	非标准化系数	标准系数	T	Sig.	R 方	调整的 R 方	F 检验	显著性 Sig.	Durbin-Watson	共线性统计量	
										容差	VIF
(常量)	1.000		7.650	0.000							
数量性工作不安全感	0.185	0.220	4.283	0.000	0.343	0.339	87.576	0.000	1.662	0.742	1.348
质量性工作不安全感	0.389	0.442	8.610	0.000						0.742	1.348

a. 因变量：低职业效能感。

通过工作不安全感的两个预测变量和低职业效能感的回归分析可知，其决定系数（R^2）为 0.343，表明工作不安全感的两个预测变量可以解释低职业效能感34.3%的变异量。变量显著性检验 F 值为 87.576，显著性检验 p 值为 0.000，小于 0.05 的显著水平，说明回归模型 3 整体解释变异量达到显著水平。通过回归模型的回归系数显著性检验可知，质量性工作不安全感的标准系数大于数量性工作不安全感的标准系数，说明质量性工作不安全感对低职业效能感的影响更大。同时，数量性工作不安全感和质量性工作不安全感回归系数显著性检验 t 值分别为 4.283($p = 0.000 < 0.05$)、8.610($p = 0.000 < 0.05$)，均达到显著水平，说明数量性工作不安全感和质量性工作不安全感都会对低职业效能感产生显著影响。此外，Durbin-Watson 检验统计量数值为 1.662，接近于 2，说明残差项独立性良好。

3.4.5.2　工作不安全感对工作压力的回归分析

（1）工作不安全感对焦虑的回归分析

以工作压力中的焦虑为效标变量，工作不安全感各维度为预测变量，采用多元线性回归中的强迫进入变量法进行回归分析。回归分析结果见表 3-36。

表 3-36　**焦虑与工作不安全感各维度回归分析结果**[a]

模型 4	非标准化系数	标准系数	T	Sig.	R 方	调整的 R 方	F 检验	显著性 Sig.	Durbin-Watson	共线性统计量	
										容差	VIF
（常量）	0.953		6.310	0.000							
数量性工作不安全感	0.590	0.577	11.819	0.000	0.406	0.403	114.996	0.000	1.897	0.742	1.348
质量性工作不安全感	0.114	0.106	2.181	0.030						0.742	1.348

a. 因变量：焦虑。

如表 3-36 所示，工作不安全感的两个预测变量和焦虑的决定系数（R^2）为 0.406，表明工作不安全感的两个预测变量可以解释焦虑 40.6% 的变异量，工作不安全感的两个预测变量对焦虑发挥的作用极大。变量显著性检验 F 值为 114.996，显著性检验 p 值为 0.000，小于 0.05 的显著水平，说明回归模型 4 整体解释变异量达到显著水平。从回归模型 4 的回归系数显著性检验可知，数量性工作不安全感的标准系数远大于质量性工作不安全感的标准系数，说明数量性工作不安全感对焦虑的影响更大。同时，数量性工作不安全感和数量性工作不安全感的回归系数检验均达到显著（$p = 0.000 < 0.05$，$p = 0.030 < 0.05$），说明工作不安全感的两个预测变量对焦虑都产生了显著影响。另外，Durbin-Watson 检验统计量数值为 1.897，非常接近于数值 2，说明残差项不存在自我相关。

（2）工作不安全感对疲劳的回归分析

以工作倦怠中的疲劳为效标变量，工作不安全感各维度为预测变量，进行多元线性回归分析，结果如表 3-37 所示。

表 3-37 **疲劳与工作不安全感各维度回归分析结果**[a]

模型 5	非标准化系数	标准系数	T	Sig.	R 方	调整的 R 方	F 检验	显著性 Sig.	Durbin-Watson	共线性统计量	
										容差	VIF
（常量）	1.787		10.989	0.000							
数量性工作不安全感	0.412	0.420	7.658	0.000	0.251	0.246	56.280	0.000	1.717	0.742	1.348
质量性工作不安全感	0.137	0.133	2.435	0.015						0.742	1.348

a. 因变量：疲劳。

回归分析结果显示，工作不安全感的两个预测变量和疲劳的决定系数（R^2）为 0.251，表明工作不安全感的两个预测变量可以解释玩世不恭 25. 1% 的变异量。变量显著性检验 F 值为 56. 280，显著性检验 p 值为 0. 000，小于 0. 05 的显著水平，说明回归模型 5 整体解释变异量达到显著水平。通过回归模型的回归系数显著性检验可知，数量性工作不安全感的标准系数大于质量性工作不安全感的标准系数，说明数量性工作不安全感对疲劳的决定作用较质量性工作不安全感大。同时，数量性工作不安全感和质量性工作不安全感回归系数检验 t 值分别为 7. 658(p = 0. 000 < 0. 05)、2. 435(p = 0. 015 < 0. 05)，均达到显著水平，说明工作不安全感的两个预测变量均会对疲劳产生显著影响。此外，Durbin-Watson 检验统计量数值为 1. 717，接近于 2，说明残差项独立性良好。

（3）工作不安全感对忧郁的回归分析

以工作压力中的忧郁为效标变量，工作不安全感各维度为预测变量，进行多元线性回归分析，结果如表 3-38 所示。

表 3-38　**忧郁与工作不安全感各维度回归分析结果**[a]

模型 6	非标准化系数	标准系数	T	Sig.	R 方	调整的 R 方	F 检验	显著性 Sig.	Durbin-Watson	共线性统计量	
										容差	VIF
(常量)	2. 120		13. 821	0. 000							
数量性工作不安全感	0. 337	0. 387	6. 655	0. 000	0. 159	0. 154	31. 708	0. 000	1. 731	0. 742	1. 348
质量性工作不安全感	0. 021	0. 023	0. 387	0. 699						0. 742	1. 348

a. 因变量：忧郁。

通过工作不安全感的两个预测变量和忧郁的回归分析可知，其决定系数（R^2）为 0. 159，表明工作不安全感的两个预测变量可以解释忧郁 15. 9% 的变异量。变量显著性检验 F 值为 31. 708，显著性检验 p 值为 0. 000，小于 0. 05 的显著水平，说明回归模型 6 整体解释变异量达到显著水平。通过回归模型的回归系数显著性检验可知，数量性工作不安全感的标准系数与质量性工作不安全感的标准系数差别很大，说明数量性工作不安全感对忧郁产生主要影响。同时，数量性工作不安全感和质量性工作不安全感回归系数显著性检验 t 值分别为 6.655($p = 0.000 < 0.05$)、0.387($p = 0.699 > 0.05$)，表示数量性工作不安全感回归系数显著性检验达到显著性水平，质量性工作不安全感未能达到显著水平，说明数量性工作不安全感会对忧郁产生显著影响，而质量性工作不安全感对忧郁没有显著影响作用。此外，Durbin-Watson 检验统计量数值为 1.731，接近于 2，说明残差项不存在自我相关。

（4）工作不安全感对低自尊的回归分析

以工作压力中的低自尊为效标变量，工作不安全感各维度为预测变量，进行多元线性回归分析，结果如表 3-39 所示。

表 3-39 **低自尊与工作不安全感各维度回归分析结果**[a]

模型 7	非标准化系数	标准系数	T	Sig.	R 方	调整的 R 方	F 检验	显著性 Sig.	Durbin-Watson	共线性统计量	
										容差	VIF
（常量）	1.087		7.305	0.000	0.305	0.301	73.774	0.000	1.606		
数量性工作不安全感	0.171	0.183	3.474	0.001						0.742	1.348
质量性工作不安全感	0.425	0.436	8.261	0.000						0.742	1.348

a. 因变量：低自尊。

回归分析结果显示，工作不安全感的两个预测变量对低自尊的决定系数（R^2）为 0.305，表明工作不安全感的两个预测变量可以解释低自尊 30.5% 的变异量，对低自尊的决定作用较大。变量显

著性检验 F 值为73.774，显著性检验 p 值为0.000，小于0.05的显著水平，说明回归模型7整体解释变异量达到显著水平。通过回归模型的回归系数显著性检验可知，质量性工作不安全感的标准系数大于数量工作不安全感的标准系数，说明质量性工作不安全感对低自尊的影响更大。同时，数量性工作不安全感和质量性工作不安全感的回归系数检验均达到显著，t 值分别为3.474($p = 0.001 < 0.05$)和8.261($p = 0.000 < 0.05$)，因此，数量性工作不安全感和质量性工作不安全感均会对玩世不恭产生显著影响。此外，Durbin-Watson检验统计量数值为1.606，接近于数值2，说明残差项独立性良好。

3.4.5.3 工作压力对工作倦怠的回归分析

(1) 工作压力对情感衰竭的回归分析

以工作倦怠中的情感衰竭为效标变量，工作压力各维度为预测变量，采用多元线性回归中的强迫进入变量法进行回归分析。回归分析结果见表3-40。

表3-40 **情感衰竭与工作压力各维度回归分析结果**[a]

模型8	非标准化系数	标准系数	T	Sig.	R方	调整的R方	F检验	显著性Sig.	Durbin-Watson	共线性统计量	
										容差	VIF
(常量)	0.749		4.704	0.000							
焦虑	0.320	0.354	6.992	0.000	0.468	0.462	73.435	0.000	1.633	0.623	1.605
疲劳	0.313	0.332	6.659	0.000						0.640	1.562
忧郁	0.112	0.106	2.195	0.029						0.683	1.464
低自尊	0.042	0.043	0.913	0.362						0.733	1.365

a. 因变量：情感衰竭。

如表3-40所示，工作压力的四个预测变量和情感衰竭的决定系数（R^2）为0.468，表明工作压力的四个预测变量可以解释情感衰竭46.8%的变异量，说明这四个预测变量对情绪衰竭发挥的作用很大。变量显著性检验 F 值为73.435，显著性检验 p 值为

0.000，小于0.05的显著水平，说明回归模型8整体解释变异量达到显著水平。从回归模型8的回归系数显著性检验可知，焦虑的标准系数最大，疲劳次之，低自尊最小，说明焦虑对情感衰竭的影响更大。同时，焦虑、疲劳和忧郁的回归系数检验均达到显著，只有低自尊的回归系数不显著($p = 0.362 > 0.05$)，因此，焦虑、疲劳和忧郁均对情感衰竭影响显著，而低自尊对情感衰竭没有显著影响。另外，Durbin-Watson检验统计量数值为1.633，接近于2，说明残差项独立性良好。模型8的容忍度值分别为0.623、0.640、0.683、0.733，均大于0.1，VIF值分别为1.605、1.562、1.464、1.365，均小于10，说明工作压力的四个预测变量不存在多元共线性问题。

（2）工作压力对玩世不恭的回归分析

以工作倦怠中的玩世不恭为效标变量，工作压力各维度为预测变量，进行多元线性回归分析，结果如表3-41所示。

表3-41　**玩世不恭与工作压力各维度回归分析结果**[a]

模型9	非标准化系数	标准系数	T	Sig.	R方	调整的R方	F检验	显著性Sig.	Durbin-Watson	共线性统计量	
										容差	VIF
(常量)	0.722		3.922	0.000							
焦虑	0.200	0.211	3.780	0.000	0.349	0.341	44.790	0.000	1.627	0.623	1.605
疲劳	0.267	0.271	4.910	0.000						0.640	1.562
忧郁	0.242	0.218	4.091	0.000						0.683	1.464
低自尊	0.040	0.038	0.738	0.461						0.733	1.365

a. 因变量：玩世不恭。

回归分析结果显示，工作压力的四个预测变量和玩世不恭的决定系数（R^2）为0.349，表明工作压力的四个预测变量可以解释玩世不恭34.9%的变异量。变量显著性检验F值为44.790，显著性检验p值为0.000，小于0.05的显著水平，说明回归模型9整体解释变异量达到显著水平。通过回归模型的回归系数显著性检验可知，疲劳的标准系数最大，忧郁次之，低自尊最小，说明疲劳对玩世不恭的决定力最强。同时，焦虑、疲劳和忧郁的回归系数检验均达到了显著水平，唯有低自尊的回归系数不显著($p = 0.461 > 0.05$)，因此，可以推断出焦虑、疲劳和忧郁能够对玩世不恭产生显著影响，而低自尊对玩世不恭的影响并不明显。此外，Durbin-Watson 检验统计量数值为 1.627，接近于 2，说明模型 9 的残差项独立性良好。

（3）工作压力对低职业效能感的回归分析

以工作倦怠中的低职业效能感为效标变量，工作压力各维度为预测变量，进行多元线性回归分析，结果如表 3-42 所示。

表 3-42　**低职业效能感与工作压力各维度回归分析结果**[a]

模型 10	非标准化系数	标准系数	T	Sig.	R 方	调整的 R 方	F 检验	显著性 Sig.	Durbin-Watson	共线性统计量	
										容差	VIF
（常量）	0.615		4.394	0.000							
焦虑	0.240	0.292	5.964	0.000	0.502	0.496	84.072	0.000	2.006	0.623	1.605
疲劳	0.015	0.018	0.372	0.710						0.640	1.562
忧郁	0.003	0.003	0.071	0.944						0.683	1.464
低自尊	0.465	0.515	11.403	0.000						0.733	1.365

a. 因变量：低职业效能感。

通过工作压力的四个预测变量和低职业效能感的回归分析可知，其决定系数（R^2）为 0.502，表明工作压力的四个预测变量可以解释低职业效能感 50.2% 的变异量。变量显著性检验 F 值为 84.072，显著性检验 p 值为 0.000，小于 0.05 的显著水平，说明回归模型 10 整体解释变异量达到显著水平。通过回归模型的回归系数显著性检验可知，低自尊的标准系数最大，焦虑次之，忧郁最小，说明低自尊对低职业效能感的影响力度最大。同时，焦虑和低自尊回归系数显著性检验 t 值分别为 5.954($p = 0.000 < 0.05$)、11.403($p = 0.000 < 0.05$)，均达到显著水平，说明焦虑和低自尊

都会对低职业效能感产生显著影响。疲劳和忧郁的回归系数检验不显著($p = 0.710 > 0.05$；$p = 0.944 > 0.05$)，说明疲劳和忧郁对低职业效能感没有显著影响。此外，Durbin-Watson 检验统计量数值为 2.006，与数值 2 十分接近，说明模型 10 残差项独立性非常好。

3.4.6 中介效应分析

根据本章的理论分析和假设，本书认为工作不安全感和工作倦怠不仅存在直接效应，还存在间接效应，也就是通过工作压力的中介效应发挥影响。通过前文的相关分析和回归分析，已经证实工作不安全感与工作倦怠之间存在直接作用，然而工作压力是否能够发挥中介效应还需进一步检验。

根据国外学者 Baron 和 Kenny（1986）的研究结果，判断中介变量的检验标准需满足四个条件：一是通过回归方程检验自变量对因变量的影响；二是通过回归方程检验自变量对中介变量的影响；三是通过回归方程检验中介变量对因变量的影响；四是通过回归方程检验自变量与中介变量对因变量的共同影响，如果此时自变量对因变量的作用减弱甚至不再显著，说明该变量为中介变量①。

国内学者温忠麟等（2005）以图示更清晰地展示了中介变量的检验标准和方法②。若用 X 表示自变量，Y 表示因变量，M 表示中介变量，则需进行三类回归分析，分别为 $Y = cX + e_1$；$M = aX + e_2$；$Y = c'X + bM + e_3$。依照温忠麟等学者提出的中介效应检验程序，首先检验 c 值，如果达到显著，再依次检验系数 a 和 b，如果 a 与 b 都达到显著，再进一步检验系数 c'，若 c' 显著说明中介效应显著，即为部分中介；若 c' 不显著，说明为完全中介。如果系数 a 和

---

① 邱婧．工作不安全感、组织支持感与离职倾向的关系研究［D］．华东师范大学，2009.

② 温忠麟，侯杰泰，张雷．调节效应与中介效应的比较和应用［J］．心理学报，2005，37（2）：268-274.

b 中至少有一个不显著，则需运用 Sobel 方法进一步检验。

根据以上学者的中介效应检验方法，本书将按照此程序进行工作压力中介效应检验，为了更好地研究工作压力总体发挥的中介作用，本书将进行两部分中介作用检验：一是工作压力总体在工作不安全感总体和工作倦怠总体间的中介效应；二是工作压力总体在工作不安全感各维度和工作倦怠各维度间的中介效应。

3.4.6.1 总体间的中介效应

从前文相关关系研究中得知，工作不安全感、工作压力和工作倦怠总体间两两呈现中高度相关，已符合检验中介变量标准，继而我们需要通过检验了解 a、b、c 及 c' 的回归系数。系数数值及显著性结果如表 3-43、表 3-44、表 3-45 所示。

表 3-43 **工作不安全感与工作倦怠回归分析**[a]

模型	非标准化系数	标准系数	T	Sig.	F 值	Sig.	R 方
(常量)	1.497		13.220	0.000	170.312	0.000	0.336
工作不安全感	0.498	0.579	13.050	0.000			

a. 因变量：工作倦怠。

回归方程为工作倦怠=0.579 工作不安全感，系数 c 达到显著。

表 3-44 **工作不安全感与工作压力回归分析**[a]

模型	非标准化系数	标准系数	T	Sig.	F 值	Sig.	R 方
(常量)	1.375		12.827	0.000	241.004	0.000	0.417
工作不安全感	0.561	0.646	15.524	0.000			

a. 因变量：工作压力。

回归方差为工作压力=0.646 工作不安全感，系数 a 达到显著。

表 3-45 **工作不安全感、工作压力与工作倦怠回归分析**[a]

模型	非标准化系数	标准系数	T	Sig.	F 值	Sig.	R 方
（常量）	0.562		5.309	0.000			
工作不安全感	0.117	0.136	3.047	0.002	263.744	0.000	0.611
工作压力	0.680	0.687	15.414	0.000			

a. 因变量：工作倦怠。

回归方程为工作倦怠=0.136 工作不安全感+0.687 工作压力，系数 b 和 c' 都达到显著，说明工作压力的中介效应显著，在工作不安全感和工作倦怠总体之间发挥部分中介作用，中介效应占总效应的比例为 0.646×0.687/0.646×0.687+0.136=76.54%，可见工作压力的中介效应显著，且近似为完全中介。

3.4.6.2 各维度间的中介效应

由前文工作不安全感各维度与工作倦怠各维度的回归分析可知，有些维度并不符合中介分析的条件，符合条件的路径有以下四条：数量性工作不安全感——工作压力——情感衰竭；数量性工作不安全感——工作压力——玩世不恭；数量性工作不安全感——工作压力——低职业效能感；质量性工作不安全感——工作压力——低职业效能感。

由前文回归分析得知，自变量数量性工作不安全感和因变量情绪衰竭、玩世不恭以及低职业效能感的回归方程均达到显著，回归系数 c 均达到显著水平，但为明晰工作压力的中介作用，还需进行以下回归检验（见表 3-46、表 3-47）。

回归方程为工作压力=0.636 数量性工作不安全感，回归系数 a 达到显著水平。同理有回归方程工作压力=0.504 质量性工作不安全感，回归系数 a 达到显著水平。

表 3-46　数量性工作不安全感与工作压力回归分析[a]

模型	非标准化系数	标准系数	T	Sig.	F 值	Sig.	R 方
(常量)	1.756		20.554	0.000	229.292	0.000	0.405
数量性工作不安全感	0.469	0.636	15.142	0.000			

a. 因变量：工作压力。

表 3-47　数量性工作不安全感、工作压力与情感衰竭回归分析[a]

模型	非标准化系数	标准系数	T	Sig.	F 值	Sig.	R 方
(常量)	0.703		4.449	0.000	126.243	0.000	0.429
数量性工作不安全感	0.055	0.059	1.109	0.268			
工作压力	0.773	0.616	11.522	0.000			

a. 因变量：情感衰竭。

回归方程为情感衰竭 = 0.059 数量性工作不安全感 + 0.616 工作压力，回归系数 b 达到显著，c' 不显著，说明工作压力在数量性工作不安全感和情感衰竭之间发挥完全中介的效用。同理可知，有回归方程玩世不恭 = 0.046 数量性工作不安全感 + 0.537 工作压力，回归系数 b 的 t 值为 9.222($p = 0.000 < 0.05$)，达到显著水平，回归系数 c' 的 t 值为 0.797($p = 0.426 > 0.05$)，不显著，说明工作压力在数量性工作不安全感和玩世不恭之间起到完全中介的作用。而对于低职业效能感，有回归方程低职业效能感 = 0.047 数量性工作不安全感 + 0.611 工作压力。回归系数 b 的 t 值为 11.349($p = 0.000 < 0.05$)，达到显著，回归系数 c' 的 t 值为 1.032($p = 0.303 > 0.05$)，未达到显著，说明工作压力在数量性工作不安全感和低职业效能感之间发挥完全中介的作用。对于质量性工作不安全感，回归分析结果见表3-48。

表3-48 **质量性工作不安全感、工作压力与低职业效能感回归分析**[a]

模型	非标准化系数	标准系数	*T*	Sig.	*F*值	Sig.	*R*方
(常量)	0.174		1.216	0.225			
质量性工作不安全感	0.269	0.306	6.763	0.000	160.021	0.000	0.488
工作压力	0.562	0.493	10.899	0.000			

a. 因变量：低职业效能感。

回归方程为低职业效能感=0.306质量性工作不安全感+0.493工作压力，回归系数b和c'均达到显著，说明工作压力在质量性工作不安全感和低职业效能感之间起到部分中介的作用。

综上所述，工作压力在工作不安全感和工作倦怠总体之间发挥部分中介效应，而在数量性工作不安全与工作倦怠三个维度之间起到完全中介的作用，在质量性工作不安全感与低职业效能感之间，部分中介效应显著。

第4章　工作不安全感与离职倾向的实证关系研究

4.1　研究假设与模型设计

4.1.1　相关理论基础

4.1.1.1　资源保存理论

资源保存理论（Conservation of Resource Theory，COR Theory）认为个体有努力获得和维持自身资源的本能，当个体所处的环境使其知觉到可能失去某些资源或已经失去了某些资源或获得新的资源比较渺茫时，使得工作要求无法充分满足或是无法得到预期的回报时，就会产生压力和不安全感①。因此，企业中员工工作不安全感是企业员工对自身目前资源的占有状况以及未来失去与获得相关资源可能性的综合认知。基于该理论，这种不安全感会让员工感觉到压力，为了减轻压力，员工努力控制环境，不得不通过各种渠道获取某些资源来弥补其他资源的损失，当无法获取其他资源时，这种主观感觉可能会演变成一种组织压力，对员工的行为产生影响。

4.1.1.2　自我一致性理论

自我概念（Self-concept）是对自我的认知，自我概念是变化的、动态的，Burns（1961）认为个体的自我概念就是在外界环境对个体施加影响的情况下形成的，个体的自我概念一旦产生，就会

---

① Hobfol，S. Conservation of resources：A new attempt at conceptualizing stress［J］. American Psychologist，1989，44：513-524.

积极发挥作用。个体倾向于保持个人想法、情绪、行为的内在一致性，按照保持自我一致性的方式行动和解释行为，这是自我概念的主要心理功能之一。从某种意义上说，自我一致性是自我概念本身的内在要求①。

许多研究已经揭示了态度与行为之间的关系，但这种关系并非始终如一。在直觉层次上，人们期望态度与行为保持一致，这种假定引发了一致性理论。在社会心理学中，一致性理论是指人们力图与自我评价、生活环境以及人际关系保持一致，如果人们的态度与其行为不一致，就会感到不适，这种不适感会促使他们在态度和行为之间重新建立起某种形式的平衡或一致（Allen D G，2005）②。

Lecky（1945）提出自我一致性理论（Self-consistency Theory），认为人们都有证实自我概念的动机，不管其自我概念是消极的还是积极的。依据自我一致性理论，人们总是在保持自己的信念、态度与行为之间的一致性，而一致性的缺失会给他们造成紧张感，并驱使人们去消除这种紧张感。该理论还指出，在失调情境中，个体感受到的不安全感越大，紧张感越强烈，越容易改变自己的态度或行为。

4.1.1.3 个体与环境交互影响理论

社会交互理论（Inter-actionism Theory）认为人与环境的作用是相互的，行为同时受到内在（个体）和外在因素（环境）的影响，即环境可以影响一个人的行为；反之，个体也可以通过行为对其所处的环境造成影响。从社会影响理论视角看，社会环境具有强大的力量。这也是为什么有时我们像墙头草那样做出被动的行为，并像墙头草那样完全被环境所操纵，这是由于“人的力量”的存在。这种交互作用以三种方式起作用（Snyder 和 Ickes，1985）。第

① Burns T，Stalker G M. The management of innovation [M]. London：Tavistock，1961.

② Allen D G，Weeks K P，Moffitt K R. Turnover intentions and voluntary turnover：The moderating roles of self-monitoring，locus of control，proactive personality，and risk aversion [J]. Journal of Applied Psychology，2005，90(5)：980-990.

一，某一特定的社会情境通常会对不同人产生不同的影响。每个人都会按照自己对情境的解释进行反应。第二，由于人们通常会选择自己所处的环境，于是人的因素和环境因素就会发生交互作用（Ickes 和 others，1997）。第三，人们会创造自己的环境。个体因素（人格特质）与情境因素（工作不安全感）彼此的交互作用可以共同影响员工个体的行为表现，也就是说，人的行为是个体个性及其情境的函数（Cattell，1979）①。

4.1.2　研究假设与模型设计

4.1.2.1　工作不安全感与离职倾向的关系

资源保存理论认为人们十分重视获取和保护"珍贵资源"，包括物质、社会资源等，这些"珍贵资源"因人而异。当人们感觉这些资源将要丧失或者在丧失过程中的资源投入未能得到应有的回报时，就会产生压力感，为防止珍贵资源继续流失，人们就会投入其他资源予以弥补，但在压力状况下的可投入资源较少，如果个体仍勉强投入，非但不能保护珍贵资源，反而可能加速珍贵资源的流失，达到一定程度就会引发消极行为（离职倾向）；工作场所的感知对员工的态度和行为有着重要的影响，个人对环境的判断受知觉的影响大于受客观事实的影响（Vakola 和 Bouradas，2005），所以，当员工感知到不安全时，就会产生压力；采取防卫措施或者投入其他资源仍不能控改善这种状况时，就会产生消极态度和行为，比如离职行为、工作倦怠等。遵循工作压力源—外界环境的刺激—压力的产生—压力的结果—压力的管理方式这一模型，个体对外界的主观感知转化为结果变量（离职倾向），由此可以推断，工作不安全感可能与离职倾向存在着某种关系。

工作不安全感在本质上源于担心丧失工作或失去工作的某些重要特征，一旦产生会使得员工对工作本身产生负面的情绪反应。所以，当员工对于自己在相当长的一段时间内，在组织中的发展和状

① Cattell，R. B. Personality and learning theory [M]. New York：Springer，1979.

态感到不安全时，其对组织信任感和忠诚度都会降低，就会产生离职倾向。研究国内外的文献，我们发现工作不安全感影响员工的满意度和组织承诺，继而影响员工的离职倾向，这一结论受到很多研究的一致支持。Greenhalgh 和 Rosenblatt（1984）在总结文献的基础上提出，个体应对工作不安全感的三种反应分别是努力、离职倾向、抵制变革，并且指出往往是那些对组织贡献最大的最有价值的员工会最早离开。随后又指出，员工未来具体的工作任务的模糊性和离职倾向密切相关。

Sverke 通过实证研究得出工作不安全感直接引起离职倾向的结论；Jordan（2000）也发现工作不安全感对新员工离职倾向的影响是直接的，而且是正相关的。①

Ashford 等人（1989）应用自行开发的工作不安全感的复合测量量表，表明工作特征可能失去的威胁、整体工作可能失去的威胁以及整体的无力感均对离职意向显著相关。

Tivendel Bourbonnais（2000）通过对公共服务部门人员的研究发现，裁员带来的工作不安全感与个人的生涯转换意向显著正相关。

Hellgren（2003）通过对不同国家的对比研究发现，工作不安全感能够通过组织承诺和工作满意的中介作用影响员工的离职倾向。

由此，根据前文理论模型和理论基础分析，认为工作不安全感和离职倾向显著正相关，工作不安全感各维度与离职倾向呈正相关关系。故在以上理论分析的基础上提出假设：

假设 1：工作不安全感与大学生新员工的离职倾向呈显著正相关关系。

假设 1a：工作不安全感各维度与大学生新员工的离职倾向呈显著正相关关系。

① Jordan, P. J. Emotional intelligence as a moderator of emotional and behavioral reactions to job insecurity [J]. The Academy of Management Review, 2002, 3 (27): 361-372.

4.1.2.2 情绪调节自我效能感与离职倾向的关系

情绪调节的界定方式有两种，一种是强调个体内因（Gross，1998），认为情绪的多种成分（比如体验、表达）可以用来调节，另一种是强调外部的影响（来自他人或环境），认为情绪调节是个体对相关行为和情绪的调整、体验、认知和行为的过程，这个过程导致了对情绪反应的监控与修正（Eisenbers 和 Fabes，1992），从而使个体以社会所允许、容忍的方式做出适当的情绪反应的能力，促使个体可以灵活、有效地控制自己的行动，并延迟冲动行为。根据 Kuhl（2000）的人格系统交互作用理论（Personality System Interaction Theory，PSI），由积极情绪促进的意志模式自我调节维持了个体的行为，自我—产生（Self-generated）的行为和目标受到了保持，这种保护和维持会通过大量的无意识过程来实现①。

Bandura 在社会认知理论中提出自我效能感直接影响人们的思维、动机与行为，非一般的个性特质导致个体在不同任务领域中的自我效能感水平存在很大差异。所以，自我效能感的影响效果主要指的是行为选择、应对方法以及情绪反应②。

Stajkovic 和 Luthans 发现，具体自我效能感、一般自我效能感与工作绩效和工作满意度相关③。在社会认知理论看来，自我效能感是控制与激发人类动机和行为的主要变量。自我效能感高，就意味着个体相信自己有能力解决工作中的新情况，很少会担心自己完不成任务，不会对此产生消极态度和行为（比如离职行为），所以才会有对工作的高投入和高绩效的回报。

一般自我效能感作为涉及个体自信心的一种人格变量，对个体

---

① Kuhi，J. A funetional-design approach to motivation and self-regulation：The dynamies of personality systems interactions. In M. Boekaerts，P，R. Pintrich，M. Zeidner. Self-regulation：Directions and challenges for future reasearch. New York：Academic Press，2000：111-169.

② Bandura，A . Social foundations of thought and action：Asocial-cognitive view. Englewood Cliffs，N J：Prentice-Hall，1986.

③ Stajkovic，A. D.，Luthans，F. Self-efficacy and work-related performance：A meta-analysis. Psychological Bullet in，1998，124（2）：240-261.

的工作态度和行为产生直接的影响①。同时，也会影响到个体在完成具体任务时的信念，即具体自我效能感，进而对工作态度和行为以及工作绩效产生间接的影响②。

贾奇和波诺（Judge 和 Bono，2001）发现一般自我效能感高的员工具有更积极的工作态度③。而对于员工具体效能感尚存较大分歧，麦克唐纳和斯格尔（McDonald 和 Siegall，1992）证实技术自我效能与员工满意和组织承诺正相关④，但与缺勤率和职业倦怠负相关，而奥尼尔和莫恩（O'Neil 和 Mone，1998）发现工作具体效能感与员工满意度正相关，与离职倾向负相关，但与组织承诺的相关性却不显著⑤；哈特兰和费雷尔（Hartline 和 Ferrell，1996）发现工作自我效能对员工满意产生消极影响，出现这些分歧的根源在于具体自我效能受特定任务的影响，不同的任务情景会让员工产生不同的效能感知⑥。

---

① Judge，T. A，Bono，J. E . Relationship of core self-evaluations traits-self-esteem，generalized self-efficacy，locus of control，and emotional stability with job satisfaction and job performance：A meta analysis. Journal of Applied Psychology，2001，86（1）：80-92.

② Woodruff，S. L.，Cushman，J. F. Task，domain，and general efficacy：A re-examination of the Self-efficacy Scale. Psychological Reports，1993，72（2）：423-432.

③ Judge，T. A.，BonoJ E. Relationship of core self-evaluation straits sel-festeem，generalized self efficacy，locus of control，and emotional stability with job satisfaction and job performance：A meta-analysis [J] . Journal of Applied Psychology，2001，86（1）：80-92.

④ McDonald，T.，Siegall，M. The effects of technological self efficacy and job focus on job performance，attitudes，and with drawal behaviors [J] . Journal of Psychology，1992，126（5）：465- 475.

⑤ O'Neil，B. S.，Mone，M. A. Investigating equity sensitivity as a moderator of relations between self efficacy and workplace attitudes [J] . Journal of Applied Psychology，1998，83（5）：805-816.

⑥ Hartline，M. D.，Ferrell，O. C . The management of customer-contact service employees：An empirical investigation [J] . Journal of Marketing，1996，60：52-70.

工作满意和组织承诺是影响离职倾向的两个重要的态度变量，许多研究已经证实，工作满意和组织承诺均与离职倾向强负相关（Williams 和 Hazer，1986）①。但对于自我效能感与组织承诺、离职倾向的关系研究得仍不充分。黄攸立和丁芳（2004）证实内控性员工比外控性员工具有更少的离职意图，并指出对外界情景的感知更有可能造成个体特质对离职意图的影响。一般自我效能感与内控性是两个高度相关的变量，一般自我效能感高的员工具有更多的自制力，对生活、工作和组织往往持更乐观的态度，更易产生积极的情感，从而产生较低的离职倾向②。根据自我一致性理论，情绪调节自我效能感作为一种具体的效能感，也同样是在保持自己的信念、态度与行为之间寻求一致性，个体会因情景中的感知的不同而选择不同的态度和行为。作为一项探索性研究，我们发现，情绪调节自我效能感也是影响离职倾向的一个重要的前因变量，基于以上分析，提出以下假设：

假设 2：情绪调节自我效能感与大学生新员工的离职倾向呈显著负相关关系。

假设 2a：情绪调节自我效能感各维度与大学生新员工的离职倾向呈负相关关系。

4.1.2.3　情绪调节自我效能感与工作不安全感和离职倾向的关系

有资源保存理论、个体一致性理论以及环境交互理论可知，当个体感知到某些资源可能丧失或者资源的投入得不得应有的回报时，压力转化成的不安全感累积到一定程度，就会在工作中带来消极的行为与结果，这就会出现工作不安全感可能直接引发离职行

---

① Williams，L. J.，Hazer，J. T. An tecedents and consequences of satisfaction and commitment in turnover models：A re-analysis using latent variable structural equation methods［J］. Journal of Applied Psychology，1986，71（2）：219-231.

② 黄攸立，丁芳. 人格特质、组织承诺与离职意图关系的实证研究［J］. 管理学报，2004，4（3）：358-362.

为。但是个体在采取一定的行动之前需要一种内在的动力来鼓舞自己，而情绪调节自我效能感恰好为面临选择的个体树立了一种自我肯定的强有力的信念。

Lupine① 等（2005）在元分析研究中指出，未来的研究应关注自我效能感在压力与结果性变量关系中的作用机制。自我效能感是Bandura（1997）社会认知理论的核心概念，是个体对自身能力与信心的综合性评价，是个体在不同情境下完成任务的一种总体自信程度，是一种较为稳定的、重要的内在认知资源。Bandura（1997）② 认为自我效能感可以有效缓解压力所造成的消极影响。来自中国的相关研究也证明了自我效能感的这种调节作用③。也有研究指出，工作不安全感也会受到个体特征的影响，Roskies 和 Louis-Guerin（1993）、Sverke（2006）指出工作不安全感会受到人格、控制点、自尊、角色判断等的影响。冯冬冬（2008）指出，自我效能感也是工作不安全感的一个影响因素。

由于工作不安全感与离职倾向的关系和情绪调节自我效能感完全相反，那么，情绪调节自我效能感在其中可能会存在着某种作用。根据情绪调节自我效能感与个体心理和行为的关系，我们认为它与传统一般自我效能感概念基本一致，因此，有关情绪调节自我效能感调节作用的研究结论也适用于此，具体来说，就是情绪调节自我效能感可以有效缓解工作不安全感对个体离职行为所造成的负面冲击。因此得出，情绪调节自我效能感高的员工在面对高压力和不安全感时，会激发自身的正能量，积极投入工作，相信自己能够完成任务，从而表现出高的工作满意度、低的离职倾向。而情绪调节自我效能感较低的员工在面对同样的情境时，则信心不足，表现

① LePine, J. A. , LePine, M . A. , Jackson, C. L. Challenge and hindrance stress: Relation ships with exhaustion, motivation tolearn, and learning performance. Journal of Applied Psychology, 2004, 89(5): 883-891.

② Bandura. Self-efficacy: The exercise of control. New York: Freem, 1997.

③ Siu, O. L. , Lu, C. Q. , Spector, P. E. Employees' wellbeing in Greater China: The direct and moderating effects of general self-efficacy. Applied Psychology: An International Review, 2007, 56 (2): 288-301.

出低的满意度、高的离职倾向。所以，工作不安全感也可以因情绪调节自我效能感的不同来间接改变离职行为的发生。根据以上的分析，我们大胆提出，离职倾向的两个重要前因变量的交互作用对离职行为也有一定的影响，故得出假设 3：

假设 3：情绪调节自我效能感在工作不安全感和离职倾向的关系中起调节作用。

基于前人的研究路径，即压力源头—中介或调节—压力的反应。将工作不安全感作为自变量，离职倾向作为依变量，情绪调节自我效能感作为调节变量，构建如下理论模型（见图 4-1）：

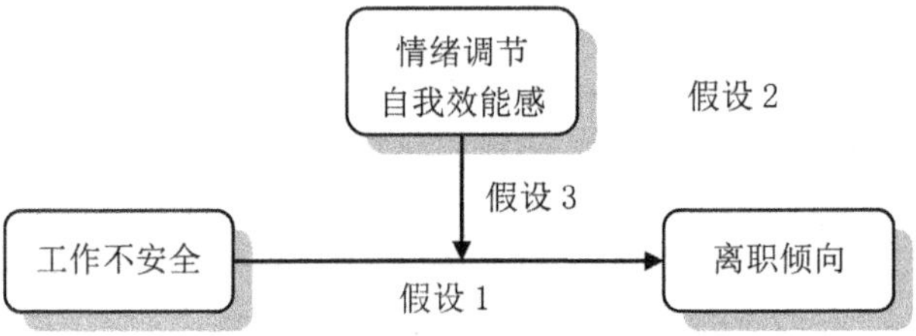

图 4-1　本书理论假设模型

4.1.3　研究量表的选择

本书主要采用问卷调查的方式收集数据信息，所用问卷通过借鉴以往研究产生的成熟量表，并参考相关文献梳理而成，主要包括以下几个部分：

第一部分为卷首语。主要向被测对象介绍本问卷发放的目的和用途，以及表达对被测对象的感谢，期望获得较为真实的数据信息。

第二部分为被测对象的基本信息。主要是一些描述性的信息（性别、年龄分布情况、婚姻、学历程度、工作资历、职务和企业的性质与规模等）。

第三部分为工作不安全感的量表。主要参考 Hellgren 和 Sverke 编写的两个维度七个项目的量表。其中数量性工作不安全感维度共三个项目，质量性工作不安全感共四个项目。其中，胡三嫚和佐斌（2007）曾使用该量表进行研究，内部一致性 α 系数分别为 0.71 和 0.79，说明该量表具有较好的信度和效度。

第四部分为离职倾向量表。本书采用樊景立等（1978）开发研究的量表，此量表具有较高信度系数，因此，本研究也采用该量表。同时根据研究需要，将原量表中的语句进行修订，最终形成符合本书需求的离职倾向量表。

第五部分为情绪调节自我效能感量表。主要参考 Caprara 等（2008）最新修正的情绪调节自我效能感量表（Regulatory Emotional Self-efficacy Scale）。修订后的量表共 12 个项目。包括表达积极情绪的自我效能感（Perceived Self-efficacy in Expressing Positive Affect，POS）和调节生气/易怒情绪的自我效能感（Perceived Self-efficacy in Managing Anger/Irritation，ANG）和调节沮丧/痛苦情绪的自我效能感（Perceived Self-efficacy in Managing Despondency/Distress，DES）。国内文书锋等的研究显示，该量表有较为良好的信效度，该问卷的信度系数达到 0.8 以上，各维度信度系数也趋近于 0.8，验证性因子分析也显示该量表具有较好的因子结构，适合进行应用研究。

本研究涉及的调查问卷量表采用的都是李克特的五点计分的方法，1~5 分别对应着不同的程度，比如“非常的不同意”、“比较的不同意”、“一般”、“比较同意”以及“非常同意”，具体内容见附录。

4.2 数据统计与分析

4.2.1 描述性统计分析

4.2.1.1 问卷数据的收集与处理

研究对象来自于各类型的企业员工，主要是针对踏入职场 3 年以内的大学生员工。选准身边已经工作的朋友与同学，并充分调动他们的人脉，通过滚雪球的形式发放问卷，主要是通过网络问卷以及电子版问卷的形式进行回收，然后进行审查并剔除掉无效问卷，其中包括不完整问卷以及填写不认真的问卷（比如没有区分度的答卷）。最后结果总共收回 222 份有效问卷，问卷回收率达 87%，剔除缺失数据后，剩余 210 份。

本研究的调查样本共涉及、广州、四川、山西、河南、山东、江苏、浙江等地，几乎涉及各个省份和地区的各类型企业，民营企业居多，而且以本科学历和基层员工为主，男女比例分布为 54.3%和 45.7%，具有一定的代表性。

对相关变量的数据处理如下：(1)性别：1 =“男”，2 =“女”；(2)年龄：1 =“20 岁及以下”，2 =“21 ~ 25 岁”，3 =“26 ~ 30 岁”，4 =“30 岁以上”；(3)学历：1 =“大专及以下”，2 =“本科”，3 =“硕士及以上”；(4)工作年限：1 =“1 年及以下”，2 =“1 ~ 2 年”，3 =“2 ~ 3 年”，4 =“3 年以上”；(5)职位：1 =“普通员工”，2 =“基层管理者”，3 =“中层管理者”，4 =“高层管理者”；(6)所在部门规模：1 =“5 人及以下”，2 =“6 ~ 10 人”，3 =“11 ~ 15 人”，4 =“16 人及以上”；(7)所在单位性质：1 =“国企”，2 =“民营企业”，3 =“外资或合资企业”，4 =“政法机关或事业单位”；(8)所在单位规模：1 =“50 人及以下”，2 =“51 ~ 100 人”，3 =“101 ~ 500 人”，4 =“500 人以上”。(9)所在行业：1 =“制造业/贸易”，2 =“金融/银行/投资/证券”，3 =“房地产/建筑/建材/工程”，4 =“互联网/IT/计算机”，5 =“快消品/酒店/餐饮”，6 =“医疗/服务/物业”，7 =“非营利机构/教育/公务员/咨询”；(10)工作性质：1 =“市场类”，2 =“技术类”，3 =“制造类”，4 =“行政支持和服务类”。

4.2.1.2　人口统计资料描述分析

通过对收集回来的数据进行整理与分析，最终得到本研究样本的描述性统计分析，如表 4-1 所示。

表 4-1 调查样本的人口统计资料信息（$N=210$）

项目	类别	频数	比例（%）	项目	类别	频数	比例（%）
性别	男性	114	54.3	职位	普通员工	124	59.0
	女生	96	45.7		基层管理人员	62	29.5
年龄	21~25 岁	101	48.1		中层管理人员	21	10.0
	26~30 岁	103	49.0		高层管理人员	3	1.5
	30 岁及以上	6	2.9	工作经验	1 年(含)以下	71	33.8
婚姻状况	未婚	171	81.4		1~2 年	56	26.7
	已婚	39	18.6		2~3 年	83	39.5
教育程度	大专及以下	45	21.4	企业规模	50 人及以下	45	22.4
	本科	116	55.3		51~100 人	36	17.1
	硕士及以上	49	23.3		101~500 人	52	24.8
企业性质	国有企业	34	16.2		500 人及以上	77	36.7
	民营企业	113	53.8	工作性质	市场类	45	21.4
	合资或外企	14	6.7		技术类	43	20.5
	政府机关/事业单位	27	12.8		制造类	17	8.1
	其他	22	10.5		行政支持和服务类	105	50.0

从性别的分布情况来看，男性占 54.3%，女性占 45.7%，男性比例高于女性比例。

从年龄的分布情况来看，21~25 岁以及 25~30 岁的员工所占的比例最大，分别为 48.1%和 49.0%；30 岁以上的员工占 2.9%。由此可见，30 岁及其以下的年轻员工所占的比例居多，占到了总样本的 97.1%。

从教育程度的分布情况来看，大学本科学历的人达到一半以上，占到 55.3%，具有硕士学历的人占 23.3%，大专及以下学历的人占 21.4%的比例。

从工作经验的分布情况来看，由于样本工作年限的限制，工作

2~3 年的员工最多，占 39.5%，其次为工作 1 年以下、1~2 年的员工，所占比例分别为 33.8%、26.7%。

从工作职位的情况来看，普通员工最多，占到了 59.0%，基层管理者占 29.5%，担任中层管理和高层管理职务的人较少，分别占 10.0%和 1.5%的比例。

从企业规模的分布来看，在 500 人以上企业工作的人最多，占 36.7%；101~500 人规模的企业人数占 24.8%；单位规模在 50 人以下和 51~100 人的人分别占 22.4%和 17.1%。

从企业性质的分布来看，在民营企业工作的员工最多，占 53.8%；其次是国企员工，占 16.2%；公政府机关及事业单位员工和外企员工较少，分别占 12.8%和 6.7%，其他则占了 10.5%。

从工作性质的分布情况来看，行政支持和服务类的员工达到将近一半，占了 50.0%，市场类和技术类的基本持平，分别占了 21.4%和 20.5%，剩下的制造类的占了 8.1%。

4.2.1.3　变量的描述性统计分析

通过对本研究的人口统计变量和三个研究变量的各个维度进行描述性统计，可了解样本的分布情况，包括均值、标准差，以及变量之间的关系等，结果如表 4-2 所示。

由表 4-2 可知，大学生新员工在两个维度的工作不安全感中的平均值得分在 2.07 与 2.58 之间，而且数量性工作不安全感的平均值得分小于质量性工作不安全感的平均值得分，从总体上看，大学生新员工的工作不安全感并不严重，但是由工作不安全感的两个维度的标准差可得知，工作不安全感的标准差均达到了中度水平以上。若以选项“3”、“比较同意”为临界点，调查样本的结果显示，有 30%的大学生新员工认为他们有数量性工作不安全感，有 48.6%的大学生新员工有质量性工作不安全感，因此说明大学生新员工在对工作不安全感的感知上存在着较大的分歧，这可能与大学生新员工作为“80 后”和“90 后”的一代以及他们所处的现实工作状况以及自身信念有很大的关系。同时，由表 4-2 可见，大学生新员工的离职倾向与情绪调节自我效能感的三个维度的平均值都处

表 4-2　　**各变量的描述性统计分析结果（N=210）**

变量	Mean	S.D	1	2	3	4	5	6	7	8	9	10	11	12	13	14	15
1 性别	1.45	0.499	1														
2 年龄	2.56	0.552	0.007	1													
3 婚姻	1.18	0.384	−0.020	0.480**	1												
4 教育程度	2.02	0.671	0.131	0.165**	−0.105	1											
5 职务	1.55	0.737	−0.152*	0.060	0.134	−0.157*	1										
6 工作经验	2.24	1.094	−0.159*	0.293**	0.288**	−0.512**	0.369**	1									
7 单位性质	2.45	1.181	0.113	0.145*	0.075	0.018	−0.145*	0.019	1								
8 工作性质	2.88	1.239	0.291**	0.141*	0.022	0.290**	0.037	−0.177*	0.090	1							
9 单位规模	2.76	1.165	−0.162*	−0.046	−0.158*	0.166**	0.041	−0.149*	−0.217**	0.147*	1						
10 数量性工作不安全感	2.069	0.708	0.004	0.152*	0.002	0.039	−0.057	0.041	−0.028	−0.102	−0.062	**0.746**					

续表

变量	Mean	S. D	1	2	3	4	5	6	7	8	9	10	11	12	13	14	15
11 质量性工作不安全感	2. 577	0. 614	0. 056	0. 046	0. 067	−0. 009	−0. 064	0. 010	0. 035	0. 053	−0. 016	0.025	**0.757**				
12 离职倾向	2. 912	0. 752	0. 045	0. 033	−0. 004	−0. 102	0. 053	0. 078	−0. 149*	0. 049	0. 088	0.108	0.426**	**0.777**			
13 表达积极情绪自我效能感	3. 933	0. 513	0. 079	0. 044	−0. 036	0. 075	−0. 074	−0. 025	−0. 023	0. 069	0. 058	−0.062	−0.032	−0.091	**0.811**		
14 调节沮丧/痛苦情绪自我效能感	3. 487	0. 514	−0. 147*	0. 049	−0. 037	−0. 009	0. 087	0. 031	0. 081	−0. 084	0. 079	−0.184**	−0.166*	−0.299**	0.263**	**0.741**	
15 调节生气/愤怒情绪自我效能感	3. 435	0. 566	−0. 204**	0. 046	−0. 037	0. 027	0. 094	0. 000	−0. 045	−0. 008	0. 076	−0.218**	−0.177*	−0.160*	0.211**	0.670**	**0.816**

注：* 表示 $p<0.05$，** 表示 $p<0.01$，表 4-2 中对角线上加粗字体表示问卷的信度系数。

于中等以上的水平，而表达积极情绪自我效能感的均值明显大于调节消极情绪自我效能感的两个维度的均值，说明大学生新员工对于积极的正向情绪的调节有着较高的自信，而对于消极情绪的调节稍微逊色了一点，这也许跟这类群体独特的性格特征有关，他们倾向于在特定的积极的情景中拥有乐观的心态。当面对来自工作方面的不确定因素带来的压力时，积极乐观的心态也许更能使这类群体换个角度思考问题，拥有不同的心态，从而采取不同的应对策略。

4.2.2 量表的效度与信度检验

本书使用的工作不安全感、离职倾向和情绪调节自我效能感量表均来自于国内外权威问卷，并根据本书需求进行了适当编修，虽然已经过国内外学者的多次检验和论证，但因为本书的研究内容、抽取样本等因素的不同，仍需要对问卷质量重新评价，验证工作不安全感、离职倾向和情绪调节自我效能感量表的信度和效度。

信度是指数据测量结果的稳定性或者一致性程度。一致性主要是测试内部各个项目之间存在的关系，考察测量的内容或特质是否相同；稳定性主要测试的是可靠性系数，就是用某种测量工具（比如问卷）对同一被试群体在不同时间进行重复测量，看测试结果是否有关系，如果问卷的性质比较稳定，就说明多次测量的结果高度相关。

Cronbachα 信度系数是目前最常用的信度系数，其公式为：

$$\alpha = (n/n - 1)(1 - \left(\sum S_i^{\ 2})/S_T^2\right)$$

其中，n 为量表中题项的总数，$S_i^{\ 2}$ 为第 i 题得分的题内方差，$S_T^{\ 2}$ 为全部题项总得分的方差。α 系数评价的是量表中各题目得分间的内在的一致性的系数。可信度与 α 的系数的关系是：如果 $\alpha<0.5$，则可信度非常不理想，舍弃使用；当 $0.5\leqslant$ Cronbachα 系数 <0.6 时，则测试量表的可信度不理想；当 $0.6\leqslant$ Cronbachα 系数 <0.7 时，则测试量表的可信度勉强可以接受；当 $0.7\leqslant$ Cronbachα 系数 <0.8 时，则测试量表的可信度可以接受；达到 0.8 以上的

Cronbachα 系数的测试量表信度较高①。

效度就是有效程度，效度（Validity）可以划分为内容效度（Face Validity）、准则效度（Criterion Validity）以及结构效度（Construct Validity）三种类型。内容效度也就是逻辑上的效度，是指所需测量目的与所需测量的内之间是否相符合；准则效度即实证性效度、预测效度或者关联效度，是指几种不同的测量方式和指标对相同变量进行测量，并将其中的一种方式作为准则，当用其他指标进行测量时，测量结果与这个准则相比较，如果有效，就说明这个测量具备效标效度；结构效度就是理论效度，指问卷调查的结果能够反映出预期的理论特征，就说数据具有结构效度。结构效度的分析所采用的方法是因子分析，因研究目的的不同，因子素分析又可分为探索性因素分析（EFA）和验证性因素分析（CFA）。

4.2.2.1　问卷的探索性因子分析

在做探索性因子分析之前，需要进行 Kaiser-Meyer-Olkin Measure of Sampling Adequacy 测试与 Bartlett 球形度检验（见表 4-3）。KMO 值越大，表示变量间的共同因素越多，越适合进行因子分析。根据 Kaiser（1974）的观点，KMO 的值大于 0.5，且巴特利特球形度检验χ^2 统计值的显著性概率为 0.000，表明适合做因子分析；如果 KMO 的值小于 0.5，则不适合进行因素分析。

表 4-3　**工作不安全感问卷 KMO 和 Bartlett 球形度检验结果**

KMO 值		0.725
Bartlett 球形度检验	卡方值	347.336
	自由度	21
	显著性	0.000

① 吴明隆．SPSS 操作与应用——问卷统计分析实务［M］．台湾：五南图书出版公司，2008：347.

从表 4-3 可以看到：工作不安全感问卷的 KMO 值为 0.725，并且 Bartlett 球形度检验中卡方值为 347.336（自由度为 21），达到显著，因此，适合做因子分析。因子分析的目的在于简化因子结构，以最少的共同因子对总变异量作最大的解释，因此抽取因子累计解释的变异量越大越好。本研究运用 SPSS17.0 对工作不安全感问卷进行统计分析，采用主成分（Principal Components）分析法进行因素抽取并运用最大变异法（Varimax）对共同因素做正交旋转处理进行探索性因子分析，结果如表 4-4 所示。

表 4-4　　**工作不安全感问卷因子分析结果**

成分	因子载荷		解释变异量	累积解释变异量
1	0.779			
2	0.798		33.380%	33.380%
3	0.792			
4		0.775		
5		0.737	28.752%	62.132%
6		0.688		
7		0.780		

由表 4-4 可以看到，工作不安全感问卷共抽取两个主成分：1—3 题构成一个主成分，命名为数量性工作不安全感；4—7 题构成第二个主成分，命名为质量性工作不安全感。两个主成分解释的变异量为 62.132%，可见因子提取的效果比较好。12 个题目的因子载荷均在 0.6 以上，这说明工作不安全感问卷的效度比较好。

由表 4-5 可以看到，员工离职倾向问卷的 KMO 值为 0.750，并且 Bartlett 球形度检验中卡方值为 229.257（自由度为 6），达到显著，因此，适合做因子分析。其次，采用主成分分析法进行因素抽取并运用最大变异法对共同因素做正交旋转处理进行探索性因子分析，结果如表 4-6 所示。

表 4-5　　**离职倾向问卷 KMO 和 Bartlett 球形度检验结果**

KMO 值		0.750
Bartlett 球形度检验	卡方值	229.257
	自由度	6
	显著性	0.000

表 4-6　　**离职倾向问卷因子分析结果**

成分	因子载荷	解释变异量	累积解释变异量
1	0.853	65.581%	65.581%
2	0.818		
3	0.818		
4	0.747		

由表 4-6 可以看出，离职倾向问卷 4 个题项共一个主成分：解释变异量 65.581%，4 个题项在离职倾向上的载荷均在 0.7 以上，表现出较好的一维特性。

从表 4-7 可以看到，情绪调节自我效能感问卷的 KMO 值为 0.835，并且 Bartlett 球形度检验的卡方值为 1074.991（自由度为 66）达到显著，因此，适合做因子分析。

表 4-7　**情绪调节自我效能感的 KMO 和 Bartlett 球形度检验结果**

KMO 值		0.835
Bartlett 球形度检验	卡方值	1074.991
	自由度	66
	显著性	0.000

采用主成分分析法进行因素抽取并运用最大变异法对共同因素做正交旋转处理进行探索性因子分析，结果如表 4-8 所示，情绪调节自我效能感问卷 12 个题项共抽取三个主成分：1—4 题构成一个

主成分，命名为表达积极情绪的自我效能感；5—8 题构成第二个主成分，命名为调节沮丧/痛苦情绪的自我效能感；9—12 题构成第三个主成分，命名为调节生气/愤怒情绪的自我效能感。三个因子共解释了 65.408%的总变异量，这说明因子提取的效果处于中等偏下的水平；同时 12 个题项在三个主成分上的因子载荷分布也比较均匀，其中有一个因子低于 0.6，不过整体上说明情绪调节自我效能感问卷的效度一般。

表 4-8　　情绪调节自我效能感问卷因子分析结果

成分	因子载荷			解释变异量	累积解释变异量
1	0.781			37.171%	37.171%
2	0.771				
3	0.738				
4	0.539				
5		0.613		19.694%	56.865%
6		0.681			
7		0.614			
8		0.714			
9			0.622	8.543%	65.408%
10			0.754		
11			0.733		
12			0.713		

4.2.2.2 问卷的效度分析

本研究采用验证性因子分析考察测量量表的结构效度，分别比较单因素模型和二因素模型及三因素模型的拟合度。通常采用的模型拟合指数有 x^2/df、RMESA、GFI、IFI、CFI 和 NNFI，各指数的拟合标准分别为：x^2/df 大于 10 表示模型很不理想，小于 5 表示模型可以接受，小于 3 则模型较好；GFI、IFI、CFI、NNFI 应大于或接近0.90，越接近1越好；RMSAE处于0和1之间，临界值为0.08，越接近0越好，各指标含义和取值的具体说明如表4-9所示。

表4-9 **模型拟合指数含义与取值说明**

<table>
<tr><th>指标</th><th>含义</th><th colspan="3">取值说明</th></tr>
<tr><td>x^2/df</td><td>样本协方差矩阵与拟合协方差矩阵相似度</td><td>x^2/df<3表示模型拟合比较好</td><td>x^2/df<5表明模型尚可接受</td><td>x^2/df<10表示模型很不理想</td></tr>
<tr><td>RMESA</td><td>渐进残差均方和平方根，表示模型的适匹度</td><td>RMSAE < 0.05表示模型拟合非常好</td><td>一般在0.05—0.08属于合理范围</td><td>RMSAE > 0.10代表不拟合</td></tr>
<tr><td>GFI</td><td>（拟合优度指数）衡量假设模型与样本数据的拟合程度</td><td>GFI>0.85表示拟合度达到同级要求</td><td colspan="2">大于或接近0.90，越接近1表明模型整体拟合程度越好</td></tr>
<tr><td>IFI</td><td>增量拟合指数</td><td colspan="3" rowspan="3">大于或接近0.90，越接近1表明模型整体拟合程度越好</td></tr>
<tr><td>CFI</td><td>比较拟合指数</td></tr>
<tr><td>NFI</td><td>规范拟合指数</td></tr>
</table>

通过AMOS17.0的验证性因子分析，本书得出工作不安全感、情绪调节自我想以及离职倾向三个变量的验证性因子分析结果（见表4-10）。

从表4-10中我们可以看到，工作不安全感量表的二因素模型拟合度佳，均达到了以上所有标准。RMSAE低于0.08、GFI、NFI、RFI、IFI、CFI、TFI都高于0.90，卡方与自由度的比值小于3，而单因素模型对于数据的拟合很差，各指数均未达到临界值，从而验证了该量表的二因素结构，表明测量具有较高的结构效度；同理，离职倾向量表的单维度和情绪调节自我效能感的三维度模型拟合度较佳，均达到了可接受的标准，表明该测量具有较高的结构效度。

表 4-10 各量表的验证性因子分析结果

Model		x^2	f	x^2/df	GFI	NFI	RFI	IFI	TFI	CFI	RMSEA
工作不安全感	一因素模型	160.776	14	11.484	0.802	0.544	0.316	0.567	0.336	0.557	0.224
	二因素模型	18.284	13	1.406	0.977	0.948	0.916	0.984	0.974	0.984	0.044
离职倾向	一因素模型	6.632	2	3.316	0.985	0.971	0.914	0.980	0.938	0.979	0.105
情绪调节自我效能感	一因素模型	474.973	54	8.796	0.709	0.568	0.472	0.598	0.503	0.593	0.193
	二因素模型	139.205	53	2.627	0.902	0.874	0.842	0.918	0.896	0.917	0.088
	三因素模型	119.911	51	2.351	0.914	0.891	0.859	0.934	0.914	0.933	0.080

4.2.2.3 量表的信度检验

(1) 工作不安全感量表的信度分析

通过对工作不安全感量表的信度检验，发现工作不安全感量表内部一致性系数（α 系数）为 0.639，大于 0.6，说明工作不安全感量表内部一致性可以接受。且从量表的“项总计统计量”表（见表 4-11）可得知，“项已删除的 α 系数值”均比整体量表 α 系数值略低，这些内容说明工作不安全感量表题项间关联度较高，同质性较好，信度较理想。

表 4-11 中“校正的项总计相关性”表示每一个题项与其他题项加总后的相关系数，统计要求规定该项的系数值不能低于 0.3，如果相关系数太低，表示该题项与其他题项的关联性不高。而表中相关性数据显示均大于 0.3，说明工作不安全感量表各题项与其他题项同质性较高。此外，“项已删除的 Cronbach's Alpha 值”表示

删除该项后，量表的内部一致性 α 系数改变值的大小。如表 4-11 中所示，删除该题项后量表的 α 系数值全部略有降低，符合信度分析的统计要求，说明该量表的信度较佳。

表 4-11　　　　工作不安全感量表的信度分析

	项已删除的刻度均值	项已删除的刻度方差	校正的项计相关性	项已删除 Cronbach's Alpha 值	总体量表 Cronbach's Alpha 值
A1	14.65	8.172	0.306	0.617	0.639
A2	14.85	7.986	0.360	0.599	
A3	14.62	8.140	0.303	0.618	
A4	14.10	8.004	0.412	0.583	
A5	13.96	8.280	0.385	0.624	
A6	14.38	8.542	0.333	0.608	
A7	14.33	8.003	0.480	0.567	

（2）离职倾向量表的信度分析

离职倾向量表来自于国内樊景立的中文版问卷，共包含 4 个题项，通过对该量表（见表 4-12）的信度检验，其内部一致性系数（α 系数）为 0.777，大于 0.7，而且项已删除的 α 系数值都比整体

表 4-12　　　　离职倾向量表的信度分析

	项已删除的刻度均值	项已删除的刻度方差	校正的项计相关性	项已删除的 Cronbach's Alpha 值	总体量表 Cronbach's Alpha 值
B1	8.73	4.350	0.662	0.678	0.777
B2	8.76	4.520	0.613	0.707	
B3	8.80	5.201	0.586	0.723	
B4	8.85	5.508	0.476	0.773	

量表α系数值略低，这些内容说明工作不安全感量表题项之间的关联度较高，有很好的信度。

（3）情绪调节自我效能感的信度分析

通过对情绪调节自我效能感量表的信度检验（见表4-13），发现情绪调节自我效能感量表内部一致性系数（α系数）为0.856，大于0.8，说明情绪调节自我效能感量表内部一致性很高，这说明情绪调节自我效能感量表题项间关联度较高，同质性较好，信度比较理想。

表4-13 **情绪调节自我效能感量表的信度分析**

	项已删除的刻度均值	项已删除的刻度方差	校正的项总计相关性	项已删除的Cronbach's Alpha值	总体量表Cronbach's Alpha值
C1	35.85	17.284	0.338	0.818	0.819
C2	35.65	16.993	0.442	0.808	
C3	35.60	16.891	0.443	0.808	
C4	36.19	16.920	0.391	0.813	
C5	36.40	16.204	0.504	0.803	
C6	36.37	15.908	0.552	0.798	
C7	36.27	16.505	0.488	0.804	
C8	36.03	16.478	0.590	0.796	
C9	36.32	16.534	0.448	0.808	
C10	36.40	16.069	0.578	0.795	
C11	36.34	16.139	0.583	0.795	
C12	35.85	17.284	0.338	0.818	

4.3 相关分析

相关分析主要用来说明变量之间的关联程度。该方法由

K. Pearson 创建，又称为积差相关。积差相关系数值介于正负 1 之间，为正表示两个变量正相关，为负则表示负相关，而相关系数的绝对值则表示系数大小或强弱，绝对值越大则关联性越强，同时也可以根据相关系数显著性检验的概率值判定其显著性。本书将采用积差相关方法分析工作不安全感、离职倾向及情绪调节自我效能感三个变量之间的相关性。

4.3.1　工作不安全感与离职倾向之间的相关分析

本书采用 Pearson 的相关系数来检验，表 4-14 列出了工作不安全感的两个维度对离职倾向的相关系数及显著性。

表 4-14　　工作不安全感与离职倾向间的相关矩阵表

	工作不安全感	数量性工作不安全感	质量性工作不安全感	离职倾向
工作不安全感	1			
数量性工作不安全感	0.680**	1		
质量性工作不安全感	0.750**	0.025*	1	
离职倾向	0.384**	0.108	0.426**	1

说明：＊＊表示在 0.01 水平上显著，＊表示在 0.05 水平上显著。

相关分析结果说明，工作不安全感总体及质量性工作不安全感与离职倾向之间的相关系数都呈现正值，所以呈现显著正相关关系，其中工作不安全感总体与离职倾向相关系数为 0.384，达到中度相关，但是数量性工作不安全感对离职倾向没有达到显著水平，这说明大学生新员工对数量性工作不安全的感知不会显著影响员工的离职行为，而质量性工作不安全感对离职倾向的显著关系大于工作不安全感总体对离职倾向的影响，故员工感知到的工作不安全感程度越高，离职倾向也就越为强烈。这一点支持了研究假设 1 的观点。

4.3.2 情绪调节自我效能感与离职倾向的相关分析

通过 Pearson 相关分析来检验情绪调节自我效能感与离职倾向之间的相关性，表 4-15 列出了情绪调节自我效能感的三个维度对离职倾向之间的相关系数及显著性。

表 4-15 **情绪调节自我效能感与离职倾向间的相关矩阵表**

	情绪调节自我效能感	表达积极情绪的自我效能感	调节沮丧/痛苦情绪自我效能感	调节生气/易怒情绪自我效能感	离职倾向
情绪调节自我效能感	1				
表达积极情绪的自我效能感	0.637**	1			
调节沮丧/痛苦情绪自我效能感	0.836**	0.263**	1		
调节生气/易怒情绪自我效能感	0.826**	0.222**	0.670**	1	
离职倾向	−0.208**	−0.091	−0.229**	−0.160*	1

注：* * 表示在 0.01 水平上显著，* 表示在 0.05 水平上显著。

如表 4-15 相关分析结果显示，情绪调节自我效能感对离职倾向有负相关关系，情绪调节自我效能感总体变量以及其中的两个维度对离职倾向有显著的负相关关系，即调节沮丧/痛苦情绪的自我效能感比调节生气/愤怒情绪的自我效能感同离职倾向有更大的负相关关系，而表达积极情绪的自我效能感对离职倾向没有显著的影响，这说明员工在积极情绪的状态下，能够乐观面对所处的环境，不会引发消极行为的发生，而对于消极情绪的个体来讲，调节消极情绪的自我效能感越高，个体越相信自己能够克服当前的困难，越能积极地采取应对措施，发生离职行为的概率也就越低。这一点支持了研究假设2的观点，在此，也发现了情绪调节自我效能感也是引起离职行为发生的一个很重要的前因变量。

4.4 多元回归分析

相关分析和回归分析都可以反映变量之间的关系，但侧重点不同，相关分析只论证了各变量之间是否存在相关关系以及关系的正负程度，而回归分析则可以进一步研究一个因变量与一个或者多个自变量之间的统计关系，研究自变量的变化程度对因变量的影响作用，回归分析是对变量间关联性分析的进一步完善，通过回归方程解释变量之间的关系会更为明确。回归分析中自变量也称为预测变量，因变量称为效标变量，根据回归分析中涉及变量的个数，回归分析可分为简单直线回归分析和多元线性回归分析。多元线性回归分析的目的在于找出一个自变量的线性组合，以简洁地说明一组预测变量与效标变量之间的关系。本书涉及的回归分析多为多元线性回归分析，并通过使用强迫进入变量法进一步分析哪些自变量导致因变量发生变化，以及对自变量影响力的大小和方向。

回归分析的结果主要用方程确定性系数（R^2）、显著性水平（F）和T检验（检验回归系数的显著性）。R^2表示方程中自变量对因变量的解释程度，取值0到1之间，值越大说明解释能力越强；F检验的结果只有在显著性水平0.05以下的才有意义，表明了回归方程线性关系显著，对于多元线性回归来说，F检验通常只能说明方程中至少有一个但并不是所有回归系数是显著的；接下来就要通过T检验来检验各个自变量对回归方程的贡献程度，即回归系数的显著性，显著性水平越高，表明此自变量对回归方程的贡献越大。

4.4.1 工作不安全感对离职倾向的回归分析

以工作不安全感及各维度作为自变量，以离职倾向为因变量，采用逐步多元回归分析法，探讨工作不安全感对离职倾向的预测作用，分析结果如表 4-16 所示。

表 4-16 工作不安全感各维度与离职倾向回归分析结果

变量	离职倾向		
	模型一	模型二	模型三
性别	0.088	0.063	0.074
年龄	0.051	0.027	-0.002
教育程度	-0.128	-0.115	-0.126
工作经验	0.031	0.036	0.034
单位规模	0.131	0.131*	0.147*
质量性工作不安全感		0.422***	
工作不安全感			0.390***
F	1.379	8.979***	7.494***
R^2	0.033	0.210	0.181
ΔR^2		0.177	0.148
容忍度	0.580-0.933	0.580-0.994	0.580-0.978
VIF	1.072-1.724	1.076-1.724	1.022-1.724

注：*表示 $p<0.05$；**表示 $p<0.01$；***表示 $p<0.001$。

从表 4-16 中可以看出，模型一中控制变量对员工离职倾向的影响不显著，将工作不安全感的质量性工作不安全感维度及工作不安全感总体变量加入后，R^2都有了显著增长，F 统计值的显著性达到了 0.001 的水平，并且可以增加 17.7%（$p<0.001$）、14.8%（$p<0.001$）的解释变异量，这说明模型 2 和模型 3 改进了模型 1，并且回归效果显著，其中回归系数分别为 0.422（$p<0.01$）和

0. 390（$p<0.001$）。从该模型的回归系数显著性检验可知，标准化系数的绝对值越大，自变量对效标变量的影响越大，因此，质量性工作不安全感比工作不安全感总体对离职倾向有着较显著的影响。另外，Durbin-Watson 检验统计量可以反映残差项是否独立，当 DW 数值越接近 2 时，表示残差项无自我相关，而该模型中 DW 的值均接近于 2，说明残差项独立性良好。同时该模型中还列出了容忍度与 VIF 值，我们可以看出在这几个模型中容忍度值均大于 0. 1，VIF 值均小于 10，所以预测变量间不存在多元共线性问题。

4.4.2　情绪调节自我效能感对离职倾向的回归分析

以离职倾向为效标变量，情绪调节自我效能感各维度为预测变量，采用多元线性回归中的强迫进入变量法进行回归分析。回归分析结果见表 4-17。

表 4-17　**情绪调节自我效能感各维度与离职倾向回归分析结果**

变量	离职倾向			
	模型一	模型二	模型三	模型四
性别	0. 088	0. 055	0. 055	0. 063
年龄	0. 051	0. 064	0. 059	0. 064
教育程度	-0. 128	-0. 131	-0. 125	-0. 122
工作经验	0. 031	0. 030	0. 025	0. 029
单位规模	0. 131	0. 145*	0. 137	0. 146*
调节沮丧/痛苦情绪自我效能感		-0. 238***		
调节生气/愤怒情绪自我效能感			-0. 159*	
情绪调节自我效能感				-0. 213**
F	1. 379	3. 247**	2. 036*	2. 816**
R^2	0. 033	0. 088	0. 057	0. 077

续表

变量	离职倾向			
	模型一	模型二	模型三	模型四
ΔR^2		0.055	0.024	0.044
容忍度	0.580-0.933	0.580-0.972	0.580-0.952	0.580-0.975
VIF	1.072-1.724	1.028-1.724	1.050-1.725	1.026-1.724

注：* 表示 $p<0.05$；* * 表示 $p<0.01$；* * * 表示 $p<0.001$。

从上表中可以看出，在控制了人口统计学变量以后，将情绪调节自我效能感总体及调节消极情绪的两个维度加入模型方程之后，R^2有了显著的增长变化，其中 F 统计值的显著水平高于0.05，并且分别可以增加5.5%（$p<0.001$）、2.4%（$p<0.05$）4.4%（$p<0.01$）的解释变异量，这说明模型二、模型三和模型四都改进了模型一，并且回归效果显著，其中回归系数分别为-0.238（$p<0.001$）、-0.159（$p<0.05$）和-0.213（$p<0.01$），从该模型的回归系数显著性检验可知，标准化系数的绝对值越大，自变量对效标变量的影响越大，因此，调节沮丧/痛苦情绪自我效能感比调节生气/愤怒情绪自我效能感以及情绪调节自我效能感总体对离职倾向有着较显著的影响。另外，Durbin-Watson 检验统计量可以反映残差项是否独立，当 DW 数值越接近 2 时，表示残差项无自我相关，而该模型中 DW 的值均接近于 2，说明残差项独立性良好。同时该模型中还列出了容忍度与 VIF 值，我们可以看出在这几个模型中容忍度值均大于 0.1，VIF 值均小于 10，所以预测变量间不存在多元共线性问题。

4.5 调节效应分析

如果变量 Y 与变量 X 的关系是变量 M 的函数，称 M 为调节变量。就是说，Y 与 X 的关系受到第三个变量 M 的影响。调节变量可以是定性的（如性别、种族、学校类型等），也可以是定量的（如年龄、受教育年限等），它影响因变量和自变量之间关系的方向

（正或负）和强弱。

调节效应的分析方法根据涉及变量的类型是显变量还是潜变量而有所不同。温忠麟等（2005）对涉及变量是显变量或是潜变量的情况应该如何进行调节效应的分析分别予以说明。对于涉及变量为显变量的情况，温忠麟等（2005）认为，调节效应分析方法根据自变量和调节变量的测量级别而定。变量可以分为两类：一类是类别变量，包括定类和定序变量；另一类是连续变量，包括定距和定比变量。定序变量的取值比较多且间隔比较均匀时，也可以近似作为连续变量处理。具体而言调节效应的分析方法可以归纳为：

（1）当自变量和调节变量都是类别变量时，做调解变量和自变量的交互效应的方差分析，交互效应即调节效应。

（2）当自变量和调节变量都是连续变量时，用带有乘积项的回归模型，做层次回归分析：①做 Y 对 X 和 M 的回归，得测定系数 R_1^2。② 做 Y 对 X，M 和 XM 的回归的 R_2^2，若 R_2^2 显著高于 R_1^2，则调节效应显著；或者，做 XM 的偏回归系数检验，若显著，则调节效应显著。

（3）当调节变量是类别变量、自变量是连续变量时，做分组回归分析。

（4）当自变量是类别变量、调节变量是连续变量时，不能做回归分析，而是将自变量重新编码成伪变量，用带有成绩项的回归模型，做层次回归分析。

本书中调节效应主要发生在工作不安全感与离职倾向之间，而根据本书的研究设计，这二者皆为连续变量，所以适合采用温忠麟等（2005）所归纳的第 2 种方法进行调解作用的分析。

第一步：以离职倾向为因变量，工作不安全感为自变量建立回归模型；第二步：将调节变量情绪调节自我效能感纳入回归模型；第三步：为了减小回归方程中自变量、调节变量以及它们的乘积项因高度相关而导致的变量间多重共线性问题，按照陈晓萍和徐淑英等（2008）建议对连续型的自变量和调节变量进行中心化或标准化处理的自变量和调节变量相乘来构造乘积项，把自变量、因变量以及乘积项逐步放入多元层级回归方程中观察系数 R^2 的变化，以及交互作用项的回归系数的显著性。分析过程详见表 4-18。

表 4-18　　**情绪调节自我效能感的调节作用分析**

变量		离职倾向			
模型		模型一	模型二	模型三	模型四
控制变量	性别	0.088	0.074	0.061	0.081
	年龄	0.051	-0.002	0.009	0.000
	教育程度	-0.128	-0.126	-0.123	-0.108
	工作经验	0.031	0.034	0.032	0.050
	单位规模	0.131	0.147*	0.154*	0.153*
前因变量	工作不安全感		0.390***	0.359***	0.371***
调节变量	情绪调节自我效能感			-0.119	-0.084
交互作用	工作不安全感情×绪调节自我效能感				-0.137*
F 值		1.379	7.494***	6.957***	6.739***
R^2		0.033	0.181	0.194	0.211
ΔR^2			0.148	0.013	0.017
容忍度		0.580-0.933	0.580-0.978	0.580-0.923	0.574-0.916
VIF		1.072-1.724	1.080-1.724	1.086-1.724	1.084-1.742

注：* 表示 $p<0.05$；* * 表示 $p<0.01$；* * * 表示 $p<0.001$；乘积项是由经中心化处理的自变量和调节变量相乘来构造的。

由表 4-18 可知，各模型变量的方差膨胀因子（VIF）均在 1.072~1.742，远小于临界值 10，说明各模型自变量之间不存在多重共线性问题。模型一把控制变量放进去之后不显著，模型二在模型一的基础上以离职倾向为因变量，工作不安全感为自变量的线性回归方程达到显著性水平（$F=7.494$，$p<0.001$），在离职倾向的变差中，有 18.1%可以由因变量与自变量之间的线性关系来解释；工作不安全感对离职倾向的正向影响显著（$\beta=0.390$，$p<0.001$）。模型三在把工作不安全感、情绪调节自我效能感放进去之后，发现工作不安全感对员工离职倾向的影响是显著的（$F=6.957$，$p<0.001$），并且这一线性关系解释了因变量离职行为 19.4%的变差，当交互项进入回归方程后（如模型四所示），R^2 由 0.194 上升为 0.211，可解释的比例增加了 1.7%，且 ΔR^2 显著（$\Delta R^2=0.017$，$p<0.001$），这说明交互项的进入增强了对员工离职倾向的解释。交互项工作不安全感×情绪调节自我效能感在 0.05 水平上显著（$\beta=-0.137$，$p<0.05$），这说明情绪调节自我效能感在工作不安全感与员工离职倾向关系之间的调节作用显著。具体来讲，员工的情绪调节自我效能感水平越高，情绪调节自我效能感对离职行为的负向影响越大，员工的情绪调节效能感水平越低，工作不安全感对离职倾向的负向影响越小。

通过回归方程可见，当情绪调节自我效能感作为调节变量加入方程时，工作不安全感与离职倾向自身的主效应不显著了，这可能是因为自变量工作不安全感对因变量离职倾向的影响取决于调节变量情绪调节自我效能感程度的影响。总而言之，情绪调节自我效能感作为工作不安全感和离职倾向之间的关系起到了调节作用，因此，假设 3 得到数据支持。

为了更好地显示调节效应，根据 Cohen 等（2003）推荐的程序，分别以高于均值一个标准差和低于均值一个标准差为基准区分为高/低情绪调节自我效能感和高/低工作不安全感。列出调节效应的方差 $Y=2.64+0.57X-0.15M-0.49MX$，其中，$Y$ 表示离职倾向，X 表示工作不安全感，M 表示情绪调节自我效能感，MX 表示工作不安全感与情绪调节自我效能感的交互变量，2.64 为非标准化常量，0.57 为非标准化自变量的系数，−0.15 为调节变量非标准化系数，−0.49 为交互项的非标准化系数。图 4-2 描绘出了工作不安全感对员工离职倾向影响的趋势。

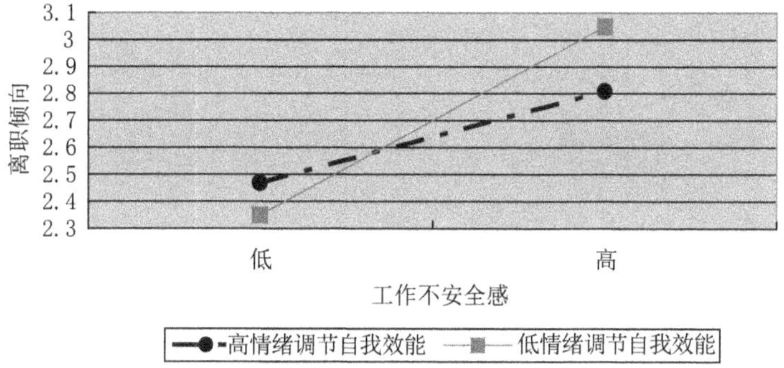

图 4-2 情绪调节自我效能感在工作不安全感与员工离职倾向关系中的调节效应趋势图

从图 4-2 可以看出，情绪调节自我效能感并没有改变工作不安全感影响员工离职倾向的方向，也就是说无论情绪调节自我效能感的得分是高还是低，离职行为都随着工作不安全感的感知水平的升高而增加，只是增加的幅度不同而已。对于情绪调节自我效能感较低的员工，工作不安全感对离职行为的正向影响强于那些情绪调节自我效能感较高的员工，而情绪调节自我效能感高的员工的离职行为也有所降低。由于已证实情绪调节自我效能感对员工离职倾向具有显著负向影响，所以在面临较高的工作不安全感环境下，具有高情绪调节自我效能感的员工的离职率明显低于具有低情绪调节自我效能感的员工，故情绪调节自我效能感在工作不安全感与离职倾向的关系中起到调节作用。

第 5 章　研究结果讨论

5.1　工作不安全感、工作压力和工作倦怠的总体情况讨论

本书通过对工作不安全感、工作压力和工作倦怠的描述性统计分析发现，被调查员工的工作不安全感、工作压力感以及工作倦怠感均达到了中度水平，而工作压力的感知水平最高，说明被调查员工已处于一个重要且危险的阶段，之所以重要且危险是因为中度阶段是可调节并易控制的，倘若管理者能够发觉员工的工作压力和工作倦怠症状，保持对员工工作状态的敏感性，加以调节和支持，可以减轻员工的工作不安全感、压力和倦怠状况；倘若放任不管，员工目前达到的中度感知可能会进一步恶化，引发高度的工作倦怠，从而将难以控制，对组织和员工个人造成严重的消极影响。

工作不安全感的两个维度中，质量性工作不安全感较数量性工作不安全感更为严重，可能是因为被调查员工对自己是否失去工作的确定性比较大，因而忧虑较少，而对工作中重要工作特征丧失的可能性把握不大，因而表现出更多的担忧和焦虑。工作压力的四个维度中疲劳的状况最为严重，比较符合事实，因为个体感知压力的所有症状和感受最初都来源于疲惫和劳累。工作倦怠的情感衰竭维度也比玩世不恭和低职业效能感维度表现更为突出，从而证实了学者们普遍认同的观点——情感衰竭是工作倦怠的核心（Maslach 和 Jackson，1981）。

5.2 工作不安全感、工作压力和工作倦怠差异化分析讨论

5.2.1 工作不安全感的差异化分析讨论

根据各控制变量对工作不安全感的平均数差异化分析研究结果，被调查员工的工作不安全感在部分控制变量上表现出显著差异。

在婚姻状况方面，工作不安全感表现出明显差异，主要体现在已婚和离异等其他状况的两组员工之间，离异员工比已婚员工感知到更大程度的工作不安全感，且工作不安全感基于婚姻状况的排序由大至小均为其他（离异）、未婚、已婚。这是因为在当前越来越激烈的竞争环境中，企业员工需时刻准备迎接挑战和困难，而离异员工在困境中缺乏来自家庭的支持和帮助，因而更加在意来自其他方面的支持和对已有东西的掌控，而工作必然是其看重的重要内容，因此他们将更能体会到工作及工作所蕴含的某些特征对自身的重要性。相比之下，已婚员工拥有来自于家庭的温暖和支持，工作并不是其看重的唯一部分，因此离异员工比已婚员工对工作本身或某些工作特征的丧失更加敏感和强烈。而已婚员工与未婚员工相比，需承担更多的社会责任和家庭责任，担负养家糊口的责任，工作是其收入的重要来源，因而工作不安全感的体验会更多。

在学历方面，中专及高中学历的员工与本科、硕士以上学历的员工感知差异较大，即中专及高中学历的员工比本科、硕士学历及以上的员工体验到更多的工作不安全感。同时，大专学历的员工也比硕士以上学历的员工感知到更高的工作不安全感。基于学历的工作不安全感程度由大至小依次为中专及高中、大专、高中及以下、本科、硕士及以上。这是因为本书选取的被调查对象一部分来自于制造企业的一线员工，一般而言，企业对一线工人的学历和技能要求不高，可替代性较强。而对于高学历员工，企业一般会予以重视，委以重任，特别对于技术类员工，可替代性不强。因此，工作

对于低学历员工而言来之不易，他们比高学历员工更怕失去现有的工作，对工作不安全感的认知也就更加强烈。

在工龄方面，工龄为 6~10 年的员工与 10 年以上员工的工作不安全感差异达到显著水平，工龄为 6~10 年的员工体验到的工作不安全感更多。这是因为 6~10 年的员工正处于事业上升期，也是转折点，充满各种挑战和困难，把握正确的机会至关重要，为了能够获得发展，这个时期的员工通常会更加认真和谨慎，对拥有的重要工作机会和特征格外珍惜，因而更可能患得患失，不安全感也会更加强烈。相比而言，10 年以上工龄的员工已步入了事业稳定期，暂时不会发生太大的变化，只要处理得当便可稳态发展，因而感知的工作不安全感比较低。

在企业性质方面，制造类企业员工与技术类、行政支持和服务类员工的工作不安全感感知水平差异显著，制造类企业员工工作不安全感最为严重。正如前文所分析，制造类企业样本多来自于一线员工，此类员工可替代性强，缺乏专有技术，却身负养家糊口的重责，因而工作对其而言意义重大，对失去工作的担忧也更加强烈。企业对其他类员工的素质要求较高，且其他类员工可选择工作的范围广泛，工作的丧失对其威胁并不严重，故而对工作不安全感的感知并不十分强烈。

工作不安全感在性别、年龄、职位、企业性质、企业规模方面差异不显著。

5.2.2　工作压力的差异化分析讨论

在年龄方面，31~40 岁、41~50 岁员工分别与 51 岁以上员工在工作压力方面达到显著，31~40 岁和 41~50 岁的员工工作压力感更强。这一结论与以往学者的研究比较一致，白玉苓（2010）研究发现 46~50 岁阶段的员工工作压力比较大。我们分析这是因为处于这两个年龄段的员工正值中年，同时面临事业和家庭的双重任务，当发生冲突时难以平衡，工作中必然受到影响。另外，激烈的社会竞争迫使这两个阶段的员工不断学习，提升自我素质和能力，但可能因为一些原因心有余而力不足，导致不能及时达到工作要求，工作要求和资源的不和谐造成工作压力较大。

在婚姻状况方面，其他（离异、分居）员工与未婚、已婚员工呈现显著差异，离异员工的工作压力更大。这个结果与其他学者也比较一致，因为处于离异等情况的员工因家庭冲突造成诸多压力，容易产生不良情绪，思想波动较大，难以有效解决工作中的问题和矛盾，从而导致压力感较强。

在学历方面，具有大专学历的员工与硕士及以上学历的员工差异明显，大专学历的员工感知到的工作压力最高。本书这一结论与其他学者结论并不一致，有研究表明硕士及以上学历的员工工作压力更大，因为其通常担负更多的工作责任。这一结论分歧的原因可能在于本书样本的选取，本书样本量一半以上来自于国有企业和事业单位，这些企业虽重视高学历人才，但同时也注重资历，且高学历员工多较年轻，不太可能轻易委以重任，因而压力自然不高。

在工龄方面，6~10 年员工与 10 年以上员工差异显著，工龄为 6~10 年员工压力较大，这是因为该阶段员工正处于事业关键时期，需要妥善解决来自工作中的挑战和问题，同时不断提升自我潜能，倘若难以同时化解，则势必为员工造成压力。

在企业性质方面，事业单位、合资或外资企业的员工与国有企业员工在工作压力的感知程度上呈现显著差异，也就是说事业单位、合资或外资企业的员工感受到的工作压力感比国有企业员工强烈。这是因为事业单位正处于改制的时代浪潮中，诸多不确定性为员工带来了压力。而合资或外资企业因处于世界竞争的前沿，需要不断创新和变革，员工需要及时充电，以满足企业发展的要求，这必然也会给员工造成一定的心理压力。相对而言，国有企业比较稳定，改革不频繁，压力较小。

在工作性质方面，制造类员工与市场类、技术类、行政支持和服务类员工的差异显著，制造类员工的工作压力最大。这是因为制造类员工多为一线工人，实行计件工资制度，每天配有工作定额，员工的工资水平取决于工作定额的完成情况，因而压力较大。

工作压力在性别、职位、企业规模方面差异不显著。

5.2.3　工作倦怠的差异化分析讨论

在年龄方面，30 岁（含）以下、31～40 岁和 41～50 岁三个年龄段均与 51 岁（含）以上的被试达到显著水平，其中 41～50 岁员工倦怠感最为强烈。这与学术界普遍的研究成果并不一致，即 30 岁以下员工的倦怠程度最高。本书认为通常年轻人对工作怀有极大的热忱，期望成就一番事业，精力充沛，即使有疲惫等现象也属正常，还达不到倦怠。而 41～50 岁的员工已进入事业稳定期，少有变化，多是重复性的工作内容，已失去工作的热情，同时更换一份工作需要较高的成本，因此，久而久之积累形成倦怠。

在婚姻状况方面，其他（离异、分居）的员工与未婚员工、已婚员工均呈现显著性差异，离异等情况的员工倦怠程度最高。这是因为家庭矛盾给这部分员工造成了长期的消极影响，消耗了许多精力，且情绪比较敏感，面对工作时较易产生压力，难以较快平衡人际关系冲突和工作问题，长期积累导致倦怠。

在学历方面，中专及高中、大专学历员工与硕士及以上学历员工在工作倦怠感知方面存在显著差别，中专及高中、大专学历的员工感受到更高水平的工作倦怠感，这与普遍认为的高学历员工更倦怠（Hairison，1980）的观念不符。本书认为鉴于选取的研究对象的原因，这个结论不难被解释，低学历员工处于工作一线，长期面对周而复始的工作内容和嘈杂的工作环境，加之员工都各司其职，难有交流，很容易导致情绪资源的丧失和同事间的疏远，因而倦怠较易产生。

在工龄方面，6～10 年的员工感知到的工作倦怠程度较高。是因为这个阶段的员工压力较大，长期处于压力中易导致情绪资源的耗竭，同时复杂的人际关系冲突容易导致同事间的冷漠和疏远，倘若在事业上升期却没有发展可能性，则易导致低职业效能感，缺乏成就感，工作倦怠极易产生。

在工作性质方面，制造类员工的工作倦怠感最为强烈，这是由其工作内容和工作环境等方面共同决定的。周而复始的工作任务、杂乱的工作环境、声音污染等都易引发工作倦怠。

工作倦怠在性别、职位、企业性质、企业规模方面并不显著。

5.3 工作不安全感、工作压力和工作倦怠的关系讨论

5.3.1 工作不安全感与工作倦怠的关系

通过因子分析，本书验证了工作不安全感和工作倦怠的多维层次构念，工作不安全感包括两个层次的构念：数量性工作不安全感和质量性工作不安全感。工作倦怠包括三个层次的构念：情感衰竭、玩世不恭和低职业效能感。而通过相关分析检验了二者之间的关联，结果表明工作不安全感与工作倦怠呈显著正相关关系，工作不安全感各维度与工作倦怠各维度也显著正向相关。也就是说二者的变动方向一致，员工感知到的工作不安全感程度越高，工作倦怠的感受也越强烈。

相关分析基础上的回归分析进一步说明工作不安全感总体会对工作倦怠总体产生显著影响（见表4-42）。但对于工作不安全感的不同层次而言，对工作倦怠各维度的影响程度不同。具体表现在：(1) 数量性工作不安全感对工作倦怠各维度（情感衰竭、玩世不恭、低职业效能感）均产生显著影响；(2) 质量性工作不安全感只对工作倦怠中的低职业效能感影响显著。这足以说明数量性工作不安全感带给员工的震荡要远远大于质量性工作不安全感。数量性工作不安全感表示个体对工作丧失或工作持续性的担忧，失去工作不仅代表工作中重要的工作特征或资源的丧失，更代表着经济来源的断裂。由此将引发一系列消极反应和作用，正如 Roskies 和 Louis-Guerin（1990）所言：未来失去工作的担忧对员工造成的伤害不亚于事实上的失去工作。而对于质量性工作不安全感，是个体对雇佣质量造成威胁的评价，主观知觉和差异性明显，不同工作特征对不同个体意义不同，根据资源保存理论，作为“珍贵资源”的重要工作特征面临丧失时，个体会产生压力感，若此时个体无法采取任何措施或投入其他资源却仍难以控制资源的流失，倦怠就会

产生。而个体认为本具有意义的工作内容变得索然无味，失去了成就体验，低职业效能感随之爆发。因此，工作不安全感会对工作倦怠产生正向的显著影响，管理者若想减少员工倦怠的可能性，需辨析员工不安全感的类别，并施加过程控制和干预才是有效的解决途径。

5.3.2　工作不安全感与工作压力关系

工作不安全感是工作场所中一种最为重要的压力源，得到学术界诸多学者认可（Ashford、Lee 和 Bobko，1989；Bultena，1998）。而根据付出—回馈压力理论，员工在组织中的付出（时间、精力等）与组织给予的回报失衡，就会导致压力感。安全感就是一种回报的表现，员工在组织中付出大量的时间和精力，期望获得相应的回馈（工作安全感等），组织却未能兑现，付出—回馈失衡，员工的工作态度和行为发生变化，在身体受到损害的同时也会导致工作压力。而认知交互理论也说明压力是外界刺激和个体对刺激评价共同作用的结果，取决于两次评价过程，个体重视的工作安全感丧失（外界环境对个体很重要）和个体无能为力（拥有的资源无法应对环境要求）导致压力出现。实证证明，工作不安全感与工作确实存在紧密关联。相关分析说明，工作不安全感及其各维度与工作压力及各维度显著正相关，特别是焦虑与工作不安全感的两个维度相关度极高。进一步回归分析，表 4-35、表 4-36、表 4-37 及表 4-38 说明：（1）数量性工作不安全感对工作压力四个维度效标变量均存在显著影响；（2）质量性工作不安全感对工作压力中的焦虑、疲劳、低自尊影响显著。以上结论与孔莹（2010）的研究结论一致：员工的工作压力与工作不安全感显著正相关。同时又与胡三嫚和佐斌（2007）一项工作不安全感对工作压力感、工作满意感和绩效影响的研究结论一致：工作不安全感是工作压力感的显著预测源。只是工作不安全感的不同维度对工作压力的不同维度影响效果不同：数量性工作不安全感可以显著预测焦虑和忧虑，而质量性工作不安全感可以显著预测低自尊和忧虑。

综上所述，工作不安全感与工作压力存在正相关关系，工作不安全感对工作压力作用明显，消除员工的工作不安全感将会有助于企业内部的压力管理。

5.3.3 工作压力与工作倦怠的关系

因子分析表明工作压力包括四个层次构念：焦虑、疲劳、忧郁和低自尊，工作压力结构得以验证。而通过相关分析，本书重新证实了工作压力与工作倦怠关系，即工作压力与工作倦怠各维度显著正相关，且二者相关系数大于0.7，达到高度相关状态。说明二者间关联性较强，员工感知到的工作压力越大，工作倦怠感也越强，这与国外多位学者研究结论一致（Akroyd，2002；Elit，2004）。国内学者的研究结论也大致如此，李琼等（2009）的研究表明工作压力对工作倦怠存在正向预测作用。而在二者各维度的相关关系中，情感衰竭的相关度更为突出，情感衰竭与工作压力各维度的相关性均达到中度以上，这也从侧面说明情感衰竭是工作倦怠的核心。

而工作压力对工作倦怠的回归分析表明，工作压力对工作倦怠存在显著影响，具体到各维度：（1）焦虑对工作倦怠的三个维度均有显著影响；（2）疲劳和忧郁对工作倦怠中的情感衰竭和玩世不恭产生显著影响；（3）低自尊只对工作倦怠中的低职业效能感存在显著影响。这一结论与国内学者陈子彤等（2008）的研究结论一致：影响工作倦怠各维度的工作压力因子差别较大，但二者整体上存在重要的相关关系。

综上所述，工作压力与工作倦怠确实存在显著的正相关关系，且工作压力对工作倦怠的影响作用显著，工作压力的出现将在很大程度上引起工作倦怠，但因工作内容和对象的不同，工作压力对工作倦怠各层面影响效果不同。

5.3.4 工作压力的中介作用

根据“黑匣子”理论模型，工作压力的终始是一个复杂的过程，前文得出的结论——工作不安全感对工作压力影响显著，说明工作不安全感就是认知交互模型下个体特征与外界刺激相结合的产物，由此产生工作压力。而前文的另一项结论——工作压力对工作倦怠存在显著影响，工作倦怠就是工作压力的结果变量，因此，通过工作压力这个中间变量，恰好完成了“黑匣子”模型的全部过程，本书的实证研究结果也证实了这一点。

从工作不安全感、工作压力和工作倦怠的总体来看，工作不安全感通过两条途径影响工作倦怠。一是直接路径：工作不安全感——工作倦怠；二是间接路径：工作不安全感——工作压力——工作倦怠。可见，工作压力扮演着部分中介的角色，但中介效应达到总效应的 76.54%，占据极大比重，说明工作不安全感对工作倦怠的影响在很大程度上是通过工作压力的间接效应完成的。

从工作不安全感、工作压力和工作倦怠的各维度来看，工作压力只在部分维度间实现了中介作用。然而值得注意的是，工作压力在数量性工作不安全感和工作倦怠三个维度之间均起到完全中介的效用，在质量性工作不安全感与低职业效能感之间起到部分中介的效用，其他两个维度不具备中介形成的条件。这说明在数量性工作不安全感和工作倦怠各维度之间，没有直接影响作用，完全通过中间变量——工作压力实现传递。而在质量性工作不安全感与低职业效能感之间，既存在直接影响，又存在间接影响。可见，工作压力的作用不容小觑，合理的压力管理成为管理者控制工作不安全感恶化为工作倦怠的重要举措。对于数量性工作不安全感而言，通常为员工造成极大威胁，但却较易控制，数量性工作不安全感完全通过工作压力来影响倦怠，只要能够干预数量性工作不安全感形成工作压力的过程，工作倦怠发生的可能性将会降低。而对于质量性工作不安全感而言，往往具有较强的主观性和差异性，不易被察觉，当员工存在质量性不安全感时，管理者因没有察觉而未采取任何措施，而对于员工本人，因国人普遍具有的性格缺陷：行为顺从性、心灵封闭性等，不愿主动向管理者倾诉，从而容易导致心理压力，重要特征的丧失使员工对工作的意义产生怀疑，长期积累而造成低职业效能感。总而言之，工作压力在工作不安全感和工作倦怠之间发挥着重要作用。

5.4 模型修订

通过前文的分析和讨论，在理论分析基础上提出的模型已不足以涵盖本书的全部思想，故进行适当修订，如图 5-1 所示，模型 1 为三变量总体关系展示，模型 2 为三变量各层次关系展示。其中实线表示数量性工作不安全感与工作倦怠各层次构念的关系，虚线表示质量性工作不安全感与工作倦怠各层次构念的关系。

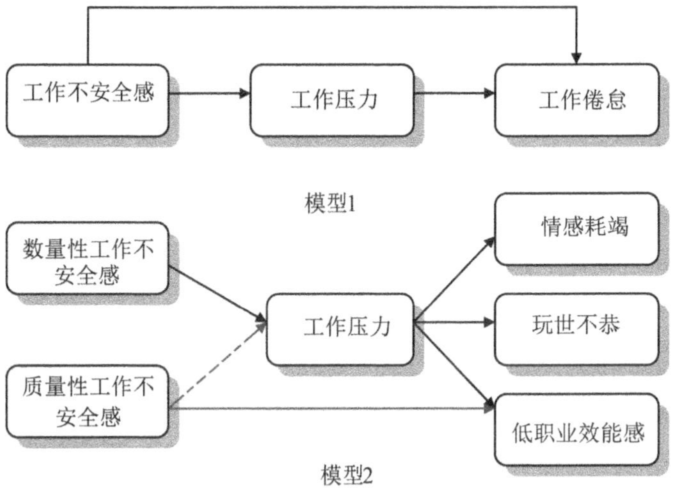

图 5-1

5.5 工作不安全感、离职倾向和情绪调节自我效能感的总体情况讨论

5.5.1 工作不安全感、离职倾向和情绪调节自我效能感的描述性分析讨论

本书通过对工作不安全感、离职倾向和情绪调节自我效能感的

描述性统计分析发现，被调查员工的工作不安全感、离职倾向均达到了中度水平，但是工作不安全感的相对水平中等偏下，这可能是由于调查样本过于集中的缘故，而情绪调节自我效能感水平较高，说明被调查员工认为情绪是可以调节并易控制的，管理者可以在平时构建良好的企业文化氛围，鼓励员工培养管理情绪的能力，让员工对自己充满信心，可以有效缓解问题员工的消极行为。

工作不安全感的两个维度中，质量性工作不安全感比数量性工作不安全感更为严重，可能是因为被调查员工对自己是否失去工作的确定性比较大，因而忧虑较少，而对工作中重要工作特征丧失的可能性把握不大，因而表现出更多的担忧和焦虑。情绪调节自我效能感的三个维度中调节积极情绪的自我效能感水平比较高，符合事实，因为个体在积极情绪的状态下会更乐观地思考问题。

5.5.2　工作不安全感对大学生新员工离职倾向影响的实证结果解释

通过验证性因子分析，本书验证了工作不安全感的多维层次构念，工作不安全感包括两个层次的构念：数量性工作不安全感和质量性工作不安全感；离职倾向是单维构念。而通过相关分析检验了二者之间的关联，结果表明工作不安全感与离职倾向呈显著正相关关系，工作不安全感各维度与离职倾向也显著正向相关，并达到了高度相关，也就是说二者的变动方向一致，员工感知到的工作不安全感程度越高，离职倾向的冲动也越为强烈。

相关分析基础上的回归分析进一步说明工作不安全感总体会对离职倾向产生显著影响（见表 4-16）。但对于工作不安全感的不同层次而言，对离职倾向的影响程度不同。具体表现在：（1）数量性工作不安全感对离职倾向没有产生显著影响，这与以往研究中的数量性工作不安全感比质量性工作不安全感有着较强的显著影响的结论有所不同。（2）质量性工作不安全感对离职倾向产生显著正向影响。这足以说明质量性工作不安全感带给员工的负面影响要远远大于数量性工作不安全感带来的负面影响。（3）工作不安全感整体对离职倾向有显著的影响。质量性工作不安全感，是个体对雇佣质量造成威胁的评价，主观知觉和差异性明显，不同工作特征对不同个体意义不同，根据资源保存理论，作为“珍贵资源”的重要工作特征面临丧失时，个体会产生压力感，若此时个体无法采取任何措施或投入其他资源却仍难以控制资源的流失，离职就会产生。因此，工作不安全感会对离职倾向产生正向的显著影响，管理者若想减少员工离职的可能性，需辨析员工的不安全感程度与来源，并施加过程控制和引导才是有效的解决途径。

5.5.3 情绪调节自我效能感对大学生新员工离职倾向影响的实证结果解释

探索性和验证性因子分析均表明情绪调节自我效能感包括三个层次构念：调节积极情绪的自我效能感、调节沮丧/痛苦情绪的自我效能感、调节生气/愤怒情绪的自我效能感，这种结构得以验证。而通过相关分析，本书重新证实了情绪调节自我效能感与离职倾向的关系，即情绪调节自我效能感与离职倾向显著负相关，说明二者间关联性较强，员工情绪调节自我效能感水平越高，离职行为发生的概率就越小，这与国外多位学者研究结论一致（O'neil 和 Mone，1998）：即具体效能感与离职倾向负相关。而在两者各维度的相关关系中，调节沮丧/痛苦情绪自我效能感的相关度更为突出，这也从侧面说明对消极情绪的管理可以直接改变个体对应对策略的选择。

如表 4-17 所示，情绪调节自我效能感对离职倾向的回归分析进一步表明，具体到各维度：（1）表达积极情绪自我效能感对离职倾向没有显著的负向影响；（2）调节沮丧/痛苦情绪自我效能感对离职倾向有显著负向影响；（3）调节生气/愤怒情绪自我效能感对离职倾向产生显著影响；（4）情绪调节自我效能感整体对离职倾向有显著的负向影响。这一结论说明了影响情绪调节自我效能感各维度的因子有所差别，但二者整体上存在重要的负相关关系。

综上所述，情绪调节自我效能感与离职倾向确实存在显著的负相关关系，且调节沮丧/痛苦情绪自我效能感对离职倾向的影响作用较显著，工作不安全感的出现将在很大程度上引起离职行为，但因对象情绪调节自我效能感的不同，工作不安全感对离职行为的影响效果也不同，这一数据有力证明了情绪调节自我效能感是离职倾向的一个很重要的前因变量，情绪调节自我效能感高的员工，往往有着较低的离职倾向。

5.5.4 情绪调节自我效能感调节作用的实证结果解释

情绪调节自我效能感对工作不安全感与离职倾向之间的关系具有显著的调节作用，这种作用表现为缓解效应。这就说明情绪调节自我效能感可以有效降低工作不安全感引起的员工离职行为的发生。这与压力研究中的多数结论一致（Schaubroeck 等，2000）①，自我效能感高的员工在完成任务的时候，由于相信自己能够并有信心完成，即使面临高不安全的情境，也不会产生过度的紧张与悲观的心态，同时，也不会有严重的挫折感，从而维持较高水平的工作满意度。相反，自我效能感低的员工在面临同样的情境时，会产生自我怀疑，不相信自己能够应对这种局面，因而就会焦虑不安，导致身心紧张，并可能引发消极行为。此外，相关研究也发现，自我效能感高的个体倾向于使用积极的应对策略，从而缓解压力对自己造成的消极影响（Stumpf、Brief 和 Hartman，1987）②。

具体来说，对于情绪调节自我效能感高的员工而言，随着工作不安全感压力的增加，离职倾向有所下降，而对情绪调节自我效能感低的员工，则正好相反。从资源保存的角度来看（资源保存理论，Conservation of Resources Theory），个体都渴望获得、维护自己所看重的各类物质的、社会的、个人的资源。个体所经历的不安全感可以被视为一种潜在的或是实际的资源损失。此时，资源的获得

① Schaubroeck，J.，Lam，S. S. K.，Xie，J. L. Collective efficacy versus self-efficacy in coping responses to sensors and control：Across-cultural study. Journal of Applied Psychology，2000，85：512-525.

② Stumpf，S. A.，Brief，A. P.，Hartman，K. Self-efficacy expectations and coping with career-related events. Journal of Vocational Behavior，1987，3：91-108.

对个体的意义更为重要（Hobfoll，2001）①。情绪调节自我效能感高的员工，由于内在的认知资源丰富，积极乐观地看问题，能够使他们有效应对这些损失，并通过完成这些挑战性工作获得了更多的资源，从而产生积极的情绪体验，因而，对工作有积极的态度，表现出积极的行为。而情绪调节自我效能感低的员工，由于缺乏应对资源且难以获得资源，悲观消极的心态会加剧他们对工作的不满意，并产生离职的念头。

本研究探讨了个体情绪差异变量在压力中的调节作用，首次发现情绪调节自我效能感的调节作用的存在是显著的。这无疑丰富了压力及具体自我效能感的研究内容，并推动后续的相关研究。这是本研究在理论方面的主要贡献。同时，研究结果对压力管理的具体实践也有启示作用。组织在进行压力管理时，应该对压力受试群体进行区分，并采取不同的管理方式。对于不安全感带来的负面影响，组织应采取各种措施来尽量减少。而对于情绪调节自我效能感，由于其对员工的心理和行为具有积极的影响作用，因此，组织可以考虑培养那些能力强、信心足的员工的自我效能感。这样就可能在提高工作士气的同时，维持或提升员工的身心健康水平，实现个体与组织的双赢。

① Hobfol，S. E. The influence of culture，community，and the nested-self in the stress process：Advancing cons derivation resources theory. Applied Psychology：An International review，2001，50：337-370.

第6章　研究结论、建议与展望

6.1　研究主要结论

本书通过第四部分的实证研究和第五部分的分析讨论，揭示了工作不安全感、工作压力和工作倦怠三个变量之间的关联，揭示了工作不安全感、情绪调节自我效能感和离职倾向三个变量之间的关联，得出主要的研究结论整理如下：

（1）本书通过因子分析验证了工作不安全感、工作压力和工作倦怠三个量表的结构。其中工作不安全感包括数量性工作不安全感和质量性工作不安全感两个层次构念；工作压力包括焦虑、疲劳、忧郁、低自尊四个层次构念；工作倦怠包括情感衰竭、玩世不恭和低职业效能感四个层次构念。

（2）工作不安全感、工作压力及工作倦怠总体分析结果显示，员工的工作不安全感、工作压力和工作倦怠均达到中度水平。其中质量性工作不安全感、疲劳和情感衰竭较其他构念表现更为突出，再次使“情感衰竭是工作倦怠的核心”这一观点得以验证。具体考察制造企业员工工作不安全感的两个维度的状况发现，员工体验到的工作本身不安全感平均水平大于他们体验的工作特征不安全感水平。这表明我国制造企业员工在面对失业威胁（工作本身的丧失）和失去重要工作特征的威胁时，更多关注的是就业和工作岗位的稳定性。也就是说，制造企业员工在工作受到威胁的情境中，与对工作情境中的晋升机会、收入状况、薪资调整、地位变化、同事关系、资源获得、工作的自主性等方面变化的威胁感的关注相比，他们对失去工作如解聘、暂时下岗、提前退休等、工作整体的变化如工作岗位的变动以及公司面临的风险给工作稳定性带来的威胁如公司前景不明、变革、重组和减员等，表现出更多的关注，也表现得更为敏感。这可能与我国日益严峻的就业形势有关。

（3）人口统计变量和其他控制变量：婚姻状况、学历、工龄、工作性质在员工工作不安全感方面差异显著；年龄、婚姻状况、学历、工龄、企业性质、工作性质在员工工作压力方面差异显著；年龄、婚姻状况、学历、工龄、工作性质在员工工作倦怠方面差异显著。

（4）积差相关分析结果表明，员工工作不安全感与工作倦怠显著正相关，且各维度之间显著正向相关；员工工作不安全感与工作压力显著正相关，且各维度间显著正向相关；员工工作压力与工作倦怠显著高度正相关，且各维度之间显著正向相关。

（5）工作不安全感对工作压力和工作倦怠都具有显著的影响作用，工作压力对工作倦怠也影响显著，这一结论通过回归分析得以论证，说明工作不安全感和工作压力是影响工作倦怠的重要原因。具体到各维度：①工作不安全感对工作压力和工作倦怠的各层面构念均影响显著；②质量性工作不安全感对工作压力中的焦虑、疲劳、低自尊以及工作倦怠中的低职业效能感影响显著；③焦虑对工作倦怠的三个层面构念存在显著影响；④疲劳和忧郁对工作倦怠中的情感衰竭和玩世不恭产生显著影响；⑤低自尊只对工作倦怠中的低职业效能感存在显著影响。

（6）从整体分析来看，工作压力在工作不安全感对工作倦怠的影响机制过程中发挥部分中介效用，但从各维度分析来看，中介效用影响力度不同：工作压力在数量性不安全感和工作倦怠三个构念间发挥完全中介效用，数量性工作不安全感对工作倦怠各维度只有间接影响作用；工作压力在质量性工作不安全感与低职业效能感之间，部分中介效应显著。

（7）本书通过验证性因子分析验证了工作不安全感、情绪调节自我效能感和离职倾向三个量表的结构。其中工作不安全感包括数量性工作不安全感和质量性工作不安全感两个层次构念；情绪调节自我效能感包括调节积极情绪的自我效能感、调节沮丧/痛苦情绪自我效能感以及调节生气/愤怒情绪自我效能感三个层次构念；离职倾向为单维度变量。

(8) 工作不安全感、情绪调节自我效能感和离职倾向总体分析结果显示，员工的工作不安全感、情绪调节自我效能感和离职倾向均达到中度水平。其中质量性工作不安全感、调节消极情绪自我效能感较其他变量表现更为突出。相关分析结果表明，员工工作不安全感与离职倾向有显著相关关系，且其中的质量性工作不安全感与离职倾向存在显著正向相关关系；情绪调节自我效能感与离职倾向之间有显著的相关关系，且调节消极情绪自我效能感的两个维度与离职倾向之间也显著负向相关。

(9) 工作不安全感和情绪调节自我效能感对离职倾向都具有显著的影响作用，这一结论通过回归分析进一步得以论证，说明工作不安全感和情绪调节自我效能感是影响离职倾向的重要因素。具体到各维度：①工作不安全感整体及质量性工作不安全感的子维度均对离职倾向影响显著；②调节消极情绪自我效能感的两个子维度与情绪调节自我效能感整体对离职倾向产生显著影响。

(10) 从调节效应分析来看，情绪调节自我效能感在工作不安全感对离职倾向的影响机制过程中发挥调节作用，这种调节作用表现为缓解效应。即处于高工作不安全感的环境中，情绪调节自我效能感高的员工，其心态、工作满意度明显高于情绪调节自我效能感低的员工，积极情绪的转换会改变其应对策略，从而降低其离职倾向，而对于情绪调节自我效能感低的员工则恰恰相反。因此，个体层面的压力管理及应对策略需视个体自我效能感的差异而定。

本研究的分层回归结果支持了研究假设，调查数据的研究结果发现，不仅工作不安全感是影响离职行为的一个重要变量，而且情绪调节自我效能感也是一个很重要的影响变量，尤其是在高压力的环境中时，情绪调节自我效能感高的个体的表现会更加有效。一个可能的解释就是，由于情绪调节自我效能感代表了对环境压力和自身胜任能力的主观评价，因此，同样的客观环境信息，首先在不同自我效能感的个体知觉和评价中产生差异，而情绪调节自我效能感低的个体对负性信息的敏感与处理使这种差异进一步放大，最终体现在消极的应对方式（离职）上，自我效能感高的个体，在面对高不安全感时，负向信息的放大作用受到高情绪调节的限制，因而转为积极的态度和行为应对方式，就会出现较小的离职率。

激烈的竞争环境以及长时期来自各方面的压力与挑战不仅会对这些大学生新员工的职业生涯产生不良的影响，同时还可能有损身心健康的发展，情绪调节自我效能感作为一种主观性体验，广泛存在于每个人身上，因此，对个体的情绪调节自我效能感进行干预的意义重大。发现这种自我效能感在工作不安全感和离职倾向关系中的调节作用的意义在于，因为情绪调节自我效能感是一种比较稳定的个性特质，而自我效能感易得到引导与改善，因此可以通过帮助这些群体形成正确、积极的归因方式来提高他们的自我效能感，以达到降低离职率的目的。

6.2 研究假设验证结果

通过前文的理论分析和实证分析，研究假设的论证情况如表6-1和表6-2所示。

表6-1　研究假设验证结果

研究假设	验证结果
假设1：工作不安全感与工作压力呈显著正相关关系	完全支持
假设2：工作不安全感各维度与工作压力各维度呈正相关关系	完全支持
假设3：工作压力与工作倦怠呈显著正相关关系	完全支持
假设4：工作压力各维度与工作倦怠各维度呈正相关关系	完全支持
假设5：工作不安全感与工作倦怠呈正相关关系	完全支持
假设6：工作压力是工作不安全感和工作倦怠之间的中介变量	完全支持
假设7：工作压力是工作不安全感各维度和工作倦怠各维度之间的中介变量	部分支持

表 6-2　　假设检验结果汇总

假设	假 设 内 容	验证结果
假设 1	大学生新员工工作不安全感与离职倾向呈显著的正相关关系	支持
假设 2	大学生新员工情绪调节自我效能感与离职倾向呈显著的负相关关系	支持
假设 3	情绪调节自我效能感在工作不安全感对离职倾向的影响中存在调节作用。即情绪调节自我效能感越高，大学生新员工的工作不安全感对离职倾向的正向影响程度越低	支持

6.3 管 理 建 议

国内外关于工作压力和倦怠的研究很多且成果颇丰，但着眼点始终在于更深入而广阔地挖掘影响压力和倦怠的前因变量，却忽略了一些因素也可通过间接作用达到相同的效果。因此，基于本书的研究结果，本书的管理建议将具有更为重要的实践意义。

本书的研究结论中主要涉及两类传递路径：一是工作不安全感会直接影响工作倦怠，这种影响包括引发和加剧；二是工作不安全感通过工作压力的传导间接影响工作倦怠。由此可见，为解决企业员工工作倦怠居高不下的难题，抓住源头（工作不安全感和压力形成）和控制过程（工作压力的传递机制）才是最为有效的解决良策。

6.3.1 洞悉源头，建立工作不安全感评估体系

工作不安全感会对工作倦怠造成直接影响已毋庸置疑，而工作不安全感的不同构念造成的影响程度却存在差别，研究证明质量性工作不安全感也会对倦怠产生直接影响，同时，感知到质量性工作不安全感的群体要比感知到数量性工作不安全感的群体多。因此，

质量性工作不安全感更易引发压力和倦怠。然而，对于企业管理者而言，洞悉员工不安全感的来源和类别并非易事，因此，这就为干预不安全感的影响造成了困难。

事实上，员工工作不安全感的分类可以在数量性和质量性基础上进一步细分，每个员工因个人差异和主观性对“有价值的工作特征”的认识并不相同，而仅以数量性和质量性的划分已不足以描述员工不安全感的全部特征，在不了解员工工作不安全感产生源头时，企业管理者也难以有的放矢，收放自如。

因此，企业管理者可以尝试建立企业自身的工作不安全感评估体系，该体系应涉及这样一些内容：（1）几种可供选择的评估工具。针对不同的企业类型或工作性质的员工设置不同的工作不安全感评估工具。（2）评估工具周期管理。企业何时何地发放这些评估工具，多长时间发放一次，发放程序如何，以及何时收回等。（3）评估标准。企业需要制定评估这些工作不安全感信息的标准和制度，严格按照标准执行。（4）处理策略。企业可根据评估结果适当采取奖惩措施，促使员工的工作不安全感能够保持在一定限度之内，同时对于已出现工作不安全感的员工，要及时采取干预措施，防止进一步延伸和恶化。总之，管理者将工作不安全感视如工作满意度调查般重视，将其如绩效考核般加以量化，定期掌握员工不安全感现状，方能做到有的放矢，及时管理。

6.3.2 鼓励交流，构建绿色沟通渠道

工作不安全感和工作压力从形成到爆发都是一个较为长期的过程，在积聚力量时，不易被察觉和发现，一旦爆发将导致严重的消极影响。因此，管理者如何及时发觉员工潜在的不安全感和压力感，将是管理者面对的一项艰难课题。加之我们国人接受了几千年传统儒家思想渲染，“容忍”成为谦谦君子的典型性格特征，“有容乃大”、“忍一时，风平浪静；退一步，海阔天空”、“大肚能容，容天下难容之事”……这些古训时时刻刻影响着国人的思想和处事风格。久而久之，难免形成一些性格缺陷，如行为顺从性、心灵封闭性等。因此，即使员工感知到不安全感或者压力感，也会选择

默默忍受，而不主动与他人沟通和交流，排解心中的忧虑。同时，一般公司中等级制度严格，员工不愿意选择与管理者沟通内心真实想法，甚至担心因此而给管理者造成不良印象，由此长期积累使压力和倦怠问题更加难以解决。内部沟通渠道不畅，缺乏合理的交流途径是员工不安全感和压力产生的一大重要原因。

工作不安全感的组织模型告诉我们，工作不安全感来源于三种客观威胁，谣言是其中的重要威胁之一。在企业中，小道消息是员工沟通和交流的有效渠道，更是一把双刃剑，员工可借此交流所思所想，但控制不好也容易引起强烈的负面效应。一旦小道消息传递负面情绪，将会迅速在员工中扩散开来，原未感知到不安全感和压力感的员工也会因此受到影响，引发员工对未来、对自身的担忧，不安全感便就此形成。因此，健康、绿色的沟通渠道也至关重要。

在这种情况下，管理者可以根据企业的现有资源，一方面构建有效、绿色的沟通渠道，鼓励员工沟通和交流，广言纳谏，如通过每周或每月的定期工作汇报、绩效考核反馈谈话等正式沟通，了解员工的思想动态；又如利用午饭时间与员工的简单交谈，以及公司BBS等网络平台上的有效信息，随时洞察员工的工作状态。另一方面，倡导绿色交流理念，杜绝负面小道消息传递和扩散，努力为公司营造鼓励沟通、畅所欲言的文化氛围。

6.3.3　营造氛围，强化组织、团队支持和社会支持

在工作不安全感和工作倦怠的传递关系中，工作压力发挥着重要作用，失去这个中间变量，倦怠也不复存在。因而，重视压力管理是企业管理者必须面临的课题。多数研究验证，组织和社会支持可以削弱员工的工作压力。在企业中，组织、团队和个人构成了企业的三大主体，来自组织和团队的支持对于员工而言非常重要。

组织的支持涵盖诸多方面，也需要根据员工的个人情况因人而异，然而面面俱到不但会大量增加企业的成本，也会造成浪费。企业可以在保证大部分员工受益的基础上，采取有效措施。组织可提供的支持包括：合理分配工作负荷；进行工作再设计；弹性工作制；提供发展和学习机会；为员工设置职业生涯规划；各种福利支

持等。此外，一项重要的组织支持措施引起了广泛关注，即组织的心理咨询与辅导计划。而员工帮助计划（EAP）就是其中最为有效的一项综合性服务，通过为员工及其家属提供心理咨询与辅导，帮助他们解决心理健康问题。这一举措已在90%的世界500强企业中得以运用，并因此获得的回报高于投入的8~10倍（刘蓬蓬，2010）。总之，重视组织支持的重要意义，完善组织支持系统是缓解员工压力的有效途径。

科学技术的日新月异，环境的快速变化，促使管理实践进行了多次变革，传统的组织形式和功能已难以适应外界的快速变化，组织需要更多的信息交流和密切合作，团队运作模式应运而生。美国质量参与学会的调查显示，进入《财富》杂志1000强的企业100%运用了团队①。团队已成为企业中的重要组成部分，团队成员之间往往具有更为亲密的关系，因而，团队的作用不容小觑。有研究表明，团队中员工的不良情绪很容易扩散和传播，那么，在团队中成员出现压力现象时，若团队其他成员能够适时给予鼓励、帮助和支持，工作压力将会得到缓解，倘若压力得以控制，不具备传递条件，倦怠自然不易产生。因此，企业管理者完全可以有的放矢，采取正确而有效的措施加以干预，加强团队建设，培养团队成员的合作、互助与沟通意识，营造积极向上的团队精神和氛围，激发员工内在的积极心理力量，增强成员之间的凝聚力和对团队、对组织的归属感，这些措施都将有助于降低和缓解员工的压力体验。

社会支持是个体员工得到来自家庭成员、亲戚、朋友、上司、同事和邻居等方面所提供的支持，这种支持可以是实际的帮助，也可以是社会情感帮助和信息帮助等。企业管理者和相关部门都应该重视来自上司、同事、家庭和亲朋对员工的关心、帮助和爱护，让员工充分感受到企业和家庭的支持和温暖，减少和缓冲工作不安全感对员工的心理健康的消极影响。

---

① Stewart GL. Team stature and performance：Assessing the mediating role of intra team process and the Moderating Role of task type [J]. Academy of Management Journal，2000，43 (2)：135-148.

6.3.4 提升自我压力管理能力、注重心灵环保

根据认知交互理论，压力的产生来自于外界环境刺激与自身评价的综合效应，对于压力的体验表现出一定的主观性和个人差异。陈子彤等（2008）指出提高员工应对工作任务的心理素质是舒缓情绪耗竭的重要途径①。除了外界的支持与帮助，提升自身应对压力的能力也是缓解压力的有效措施。

经济转型期的现代社会日新月异，竞争激烈，生活中的压力、工作职责与职位的要求、残酷的淘汰制和晋升机制，更因人们内心的不安定和焦躁，大部分人无法享受到工作和生活所带来的快乐。现代文明对人类最大的贡献，也可能是最大的伤害，就是让心混乱了，让人们认为任何欲望都可以实现，“心”的膨胀，滋生了焦虑和压抑，作为企业中的普通员工，难以个人之力改变环境，因而只能应对。而员工基于不同的思维方式、人生态度和价值观，以及个人经历的差异，面对压力和处理压力的能力自然不同，也正因为如此，员工才可在自我正确认知的基础上，提升自我应对压力的能力，有效对自身实行压力管理。当面对压力时，逃避永远不是最好的选择。员工可以选取适合自身的方式有效排解压力的困扰，如进行自我心理暗示，增强自身信息；进行放松训练，身体上的松弛可有助于缓解精神上的紧张和焦虑；进行宣泄排解，大声呼喊等方式有助于松弛压力带来的负面情绪。倘若自身无法调节，主动寻求帮助也是应对压力的积极方式，向他人倾诉自身的苦衷和想法，来自于组织、同事、亲人、朋友的物质或精神支持都有助于缓解消极情绪，从而有效的应对压力。

因此，员工可以通过正确认知自我，理性面对压力，寻找自身缓解压力的有效途径来消除压力引发的不良情绪，从而在不断调节压力的过程中提升自身应对压力的能力，有效进行自我压力管理，及时缓解压力，防止压力情绪的堆积。学会让心健康，不受外在的

① 陈子彤，刘玉燕．知识型员工工作压力与工作倦怠关系的实证研究［J］．科学学与科学技术管理，2008（12）：157-161.

影响，这是一个人能够获得快乐的根本所在，例如员工可以把最寻常的空间，变成温馨美好的地方，可以学会倾听自己的内心，喜悦而快乐地接触你自己，学会让心与美好连接在一起，更需要在一个缺少真诚的环境中，听从自己内心的指引，去做满心喜欢的事情，去积蓄自己内心强大的力量。同时，在必要时寻求他人帮助也有助于个人排解压力情绪，增强自身信心和价值感，以恢复自身心境的平和与泰然。例如目前很多组织在员工援助计划（EAP 计划）中运用禅修、瑜伽等方法帮助员工减轻压力，这是很好的减压方法。

6.3.5 情绪调节自我效能感与人力资源管理实践

基于本书的研究结果，发现主要涉及三类传递路径：一是工作不安全感会直接影响大学生新员工的离职行为，这种影响包括引发和加剧；二是情绪调节自我效能感本身也影响着新员工的离职行为；三是工作不安全感通过情绪调节自我效能感的调节间接影响离职行为。通过以上理论研究以及实证分析，我们得出：对工作不安全感的担忧和对工作不安全的感知会影响到个体的态度和情绪，从而增加员工的离职行为；同时，我们还在研究中证实了积极情感有助于减少员工的离职倾向，尤其是那些能够很好地管理自己消极情绪的个体，更能自信、积极地看待问题，从而减少离职行为的发生。由此可见，为解决企业大学生新员工离职行为居高不下的难题，抓住源头（工作不安全感和压力的形成）和控制过程（情绪调节自我效能感的调节机制）才是最为有效的解决良策。

新生代的员工是一个较为独立自主，注重自我价值实现，拥有高情绪化、低抗压性特征的群体，他们活在当下，活在现实中，“80 后”、“90 后”群体面临着工作上激烈的竞争、经济形势的严峻、不断攀升的房价，他们不得不面对生活的沉重压力和挑战，这些在一定程度上也加剧了他们的工作不安全感，导致比较高的离职率。尽管如此，刚步入职场的新生代员工还毕竟处于适应和学习的阶段，对工作的责任与态度，自我调节与适应，个人发展与价值观导向深深地埋藏于这类群体的心灵深处，而这些因素也是离职行为很重要的影响因素，所以要有针对性地采取适当的措施，从而为企业留住更多优秀人才。

积极心理学（Positive Psychology）提出了全新的“幸福人假设”理论，倡导幸福管理，给管理界带来了全新的管理理念，充分发挥人的积极性和主动性，实现人力资源的最大化价值，就要正确把握人性，激发人性中积极的人格品质，如主观幸福感、自我效能感、乐观心态、情绪智力等，来形成一股充满活力和对抗力的积极力量，这不仅有利于个体工作理念的改观，也对整个企业产生积极影响（陈浩彬和苗元江，2008）。因为自我效能感水平越高，个体愿意付出更多地努力迎接挑战。而自我效能感的培养手段有四种：直接经验、他人正面的经验和榜样作用、积极导向的说服和生理或心理的唤醒。从积极心理学的视角出发，解释其在人力资源管理中的运用，更多地考虑到大学生新员工积极品质的开发与引导，努力创造一个既能够促进自身积极品质的形成又能促进正面思考的综合管理制度，从而提升员工的动机和目标，更好地促进企业的发展。

（1）在招聘中的运用。有效的人力资源招聘工作不仅能给组织带来合格人员，而且能够提高组织的整体绩效水平和竞争力。在招聘的过程中，除了要考察职位胜任力匹配之外，也要注重应聘者的心理品质，为了方便讨论，本书引入个体心理因子（Individual Psychology Factor，IPF），它反映出个体可以控制的心理力量强弱的一个量化指标，个体心理因子越高，个体可以控制心理与情绪的力量就越强，表现就越积极，看待问题就越乐观，解决问题就越主动，相反，个体则消极看待问题，选择逃避行为。个体情商与个体心理因子有直接的关系（李金珍和王文盅，2003），可以促进员工个体的适应和转变，对人际沟通、绩效、自我评定及组织公民行为有着重要作用；良好的情商可以使个体具备积极的心态，增强个体控制自己心理和情绪的能力，当然外界刺激也会影响到个体的心态。积极心理学的研究已经证明，那些具有积极观念的个体能够更加轻松地面对压力、逆境和暂时的损失，即使面临高压力环境，也能够应付自如，任何具有长远眼光的组织都希望招聘到具有积极品质的员工，所以在招聘中可以通过Baron教授的情绪智力量表来协助选拔合适的人员。

（2）在培训中的运用。培训可能不会在短时期内给企业带来收益但是从长远的角度来看，它是一种人力资本的投资（于桂兰和苗宏慧，2008）。积极心理学认为，员工的培训，除了常规的企业文化、规章制度以及岗位所需技能培训外，还要包括心理品质的培训，其中最重要的就是自我效能感的培训，根据自我效能感理论，自我效能感决定了对行为结果的预期，如果个体预期到成功的好的结果，那么自我效能感就将成为执行任务的一种动力，相反，自我效能感就变成了阻碍。高情绪调节自我效能感的员工，把阻碍看成是可以克服的因素，在面对挑战性情景时拥有更多的认知资源，有积极的、灵活的应对策略，因此，企业应该致力于培养具有高情绪调节自我效能感的员工。

在自我效能感的四种培养手段中，他人的替代性经验起到非常重要的作用，所以，企业应该选择那些在相关领域内做得很成功的优秀员工分享他们的经验，让新员工认识到，只要调整好心态，积极面对，坚持不懈，就会成功，从而提升他们的自我效能感。对于培训主要体现在以下两个方面：首先，注重入职培训。重视对新员工的入职培训，这显示了企业对他们的认可以及对他们加入该企业的赞赏和对他们未来发展前景的一个许诺，也有助于提升他们的工作能力及其他的能力素质，让他们感觉到领导对自己的重视和尊重。这些也可以提高他们的工作参与工作晋升的可能性，有效降低他们的离职率，提高他们的工作积极性和忠诚度。其次，建立导师培养制，提升在职培训效果。抓住大学生新员工身上的亮点特质，精选那些技能高超、经验丰富或业绩优秀的老员工担任其导师，来帮助他们将理论知识优势与实践充分结合起来，帮助他们解决工作中可能存在的压力问题以及心理问题，最重要的是对其职业发展进行指导与规划，使其调整态度和行为来全力以赴的应对。一般情况下，大学生新员工把对直接上级的感知嫁接到对公司的感知上，所以导师之间的关系质量很大程度上影响着他们的离职行为。企业在注重入职培训时也要兼顾在职培训，从企业文化理念到技能拓展与能力提升，在增强他们的对外竞争力的同时也提高了他们的自信程度，从而提高对企业的归属感。同时，公司要建立有效的沟通机制，这会让他们感受到人性化的关怀和爱护，加深他们对公司的感情，降低他们的离职意愿。

（3）在绩效管理中的运用。绩效管理通常包括绩效考核、绩效评价和反馈激励三个重要环节，因此在绩效考核结束后和员工充分沟通，尤其引导员工形成积极的归因方式是至关重要的，因为归因方式会影响个体在同一情景汇总的努力程度，比如个体把成功归结为内因，会让个体产生愉悦情绪，并愿意继续付出努力，因此在沟通的过程中，要让员工意识到成功是自身能力和努力的结果，而不是运气等其他非控制性因素，失败是自身的态度和努力不够；同时，也要建立绿色沟通机制，营造一个良好的文化氛围，充分了解员工，及时疏导员工的不良情绪。通过引导与训练，让员工能够采用正确的归因方式来面对工作中的压力，及时对自身状态进行修正与调节，才能真正达到目的。

（4）在激励机制上的运用。制定高效激励机制，培养积极人格特质，营造积极的组织环境。人力资源开发就是要满足员工职业发展需求，为员工提供符合个人发展意愿以及企业发展需要的成长空间，提供有效的成长指导与发展环境，让员工感到安心，看到希望，才能实现员工与企业共发展。正如美国耶鲁大学的克雷顿·奥尔德弗（Clayton Alderfer）提出的生存—关系—成长理论，只有让员工解除对工作不安全感的担忧，才能进一步考虑在组织中的成长，而在这个过程中，积极情绪自我效能感提供稳定的内在动力，当激发和强化使某种潜在能力变成一种习惯性的工作方式时，积极的人格特质也就形成了。因此，企业应该倡导相互欣赏、相互合作、相互帮助，自主管理，让企业员工处于信任，关爱和积极的高水平状态中，这样才能最大化实现员工的价值。塞里格曼曾对保险公司的员工进行一次长达 5 年之久的追踪实验，并发现：具有积极情绪的经纪人业绩比经常表现负面情绪的人的业绩高出 88%，而具有负面情绪的人的离职率是积极者的 3 倍，因此，管理者要对员工进行激励，建立愉悦温暖的企业文化，建立互相关心和尊重的管理环境，注意员工的心理变化，及时疏导负面情绪和不安全感，降低离职率。

6.3.6 有效利用工作不安全感的积极作用

过度的工作不安全感可能带来很多不良影响，但是一味地遏制员工的工作不安全感对激励员工改善工作技巧、提升员工工作绩效也是不利的。适度的工作不安全感在拥有完善人力资源管理制度的企业环境中来说，不仅不会对员工造成消极影响，还会使得员工意识到自己工作绩效的不足，从而主动学习和提高。正如 Brockner (1988) 在研究中指出，“如果员工觉得可以通过努力工作来提高工作安全感，那么工作不安全感就会优化他们的工作表现；在适度的不安全感水平下，特别是那些有经济收入要求的员工，他们工作的努力程度是很高的，对那些没有被裁掉的员工而言，工作不安全感与工作的努力程度也是成正比的”。周浩和龙立荣（2011）的研究发现：适度的工作不安全感激发员工创造力，他们的研究发现工作不安全感对员工创造力有倒 U 形的影响，在中等程度工作不安全感情境下，员工的创造力最高。这提示组织和领导者在管理实践中，可以通过为员工创造一个安全性、稳定性适中的工作环境以激发员工的创造力。具体而言，通过设置合适的雇佣期限、考核强度、淘汰标准给员工适度的压力和危机感，使员工获得创造性活动的环境变异刺激，同时不会因为过高的风险而选择习惯，从而激发员工表现出更高的创造力。从以上研究可以看出，适度的工作不安全感是一种良性的压力，合理利用就能很好地优化员工的工作态度和行为，从而提升员工绩效和留任意愿。所以一个合理的社会流动方式应当是，建立最基本的社会安全体系，同时保有社会竞争公平上升通道，资源入口向全社会开放，使得个人能保持正常思维和适度的工作不安全感，有尊严地奋斗，有尊严地生活。

6.4 研究不足与展望

6.4.1 研究不足

本研究秉承严格的研究流程和研究方法对工作不安全感、工作压力和工作倦怠的关系以及工作不安全感、情绪调节自我效能感和离职倾向的关系进行了探讨，并取得具有一定理论意义和实践意义的研究结论。然而，由于笔者时间和精力有限，实证经验尚且不足，研究中必然存在诸多缺陷和不足，具体表现在：

第一，本书对工作不安全感、工作压力和工作倦怠的关系探讨抽取的样本虽涵盖了南北区域企业员工，并收集了 339 份有效问卷，但在年龄、职位、企业规模等方面取样未能达到均衡，以职位为例，普通员工达到了样本总量的 57.8%，所占比例过大，必定会对本书的研究造成干扰影响。探讨情绪调节自我效能感、工作不安全感与离职倾向之间的关系所使用的有效问卷为 222 份，都是以新生代的刚参加工作的大学生为主，因此变量数据的集中造成某些研究假设无法得到验证，并限制了研究结论的可推广性。所以，未来研究需要进一步扩大样本量，得出更符合实际情况的结论。

第二，本书涉及的四个变量工作不安全感、工作压力、工作倦怠和离职倾向均是消极情绪变量，虽然问卷采取了匿名方式，且问卷中设置了反向题目，但填写者出于多方面原因，不排除隐瞒真实的工作感受填写而使信息失真的情况，从而影响了问卷数据的可靠性。

第三，本书在进行中介研究时，将工作压力这个变量作为整体探究其发挥的中介作用，而没有将其展开，没有更加细致地研究工作压力各维度在工作不安全感和工作倦怠之间发挥的作用，使本书的研究还不够完整。

第四，问卷的适用性问题。情绪调节自我效能感量表是由西方量表直接翻译过来的，那么该量表是否适用于中国背景下的员工呢？还值得做进一步的探讨。所以在未来的研究发展中，开发适合中国背景下的企业员工的量表是一个很好的方向。

6.4.2　研究展望

经过研究分析，本书的主要研究目的已基本达成，并取得了一些阶段性的研究成果，但正如时勘（2003）在一篇文献中所言，工作倦怠是一个不断扩展的研究领域，这句话对于工作不安全感和工作压力也同样适用。情绪调节自我效能感是一个不断受人关注并扩展的研究领域，因此，本书的后续研究空间仍然十分广阔，需要进一步从更深入和更广泛的方面进行挖掘：

第一，在工作不安全感、工作压力和工作倦怠的研究模型中，加入人口统计变量或其他的控制变量，探究其调节作用，这样有助于我们更清晰地了解在这些变量的调节作用下，这三者传递机制是否会发生变化。

第二，将工作压力的不同层次构念展开，分别研究其在工作不安全感和工作倦怠之间的中介效应，并将结果与其作为总体的研究结论加以对比，分析这其中的差别，进一步充实本书的研究结论。

第三，本书在工作不安全感影响工作倦怠的作用机制中，仅探讨了工作压力一个中介变量，后续研究可以尝试使用其他中介变量，为解决企业压力管理和倦怠管理提供其他具有创新性的思路。

第四，国内对本书中的工作不安全感、工作压力、工作倦怠、离职倾向四个变量的研究相对来讲多一些，而对情绪调节自我效能感的研究处于初始阶段，基本上可以说是还未涉及，对其前因变量、结果变量的研究少之又少。目前情绪调节自我效能感的量表比较单一，基本上是引用的班杜拉和卡普拉拉在2003年开发的国外量表，随着对情绪调节的日益重视，国内外的学者应该尽快开发适用于心理领域的各种量表，比如个体心理安全感的量表，我国学者应该积极开展对情绪调节领域的研究，这对理论界和实践界都将是很有意义的。因此，积极探索中国背景下的工作不安全感、情绪调节自我效能感和员工离职倾向的研究对国内学者来说是一项艰巨又长远的任务。

第五，恰当使用结构方程模型等研究、探索这几者之间的关系，并扩展研究群体，对比分析研究结论的异同，这样不但可以补充使用单一研究工具造成的研究缺陷，同时可以使研究内容更加丰满，研究结论更加有力而可靠。

附　　录

员工工作体验调查问卷 1

尊敬的女士/先生：

您好！感谢您在百忙之中抽出时间参与我的问卷调查！

本问卷旨在探讨员工工作体验的相关问题，以获得相应的研究数据。本问卷完全采用匿名方式进行，您不需有任何顾虑，所得数据也仅供科学研究之用，绝不会用于任何商业用途。您的参与对我们的研究非常重要，请您根据工作的真实感受作答，您的答案将直接影响研究结果的准确性。

非常感谢您的支持与配合！祝您工作顺利、生活幸福！

填写前请阅读相关说明

1. 本问卷调查分为四个部分，第一部分为您个人的基本情况；其他三个部分为工作体验的相关变量问卷。
2. 请您在最符合您想法、感觉及行为相应的数字上画“√”，若为电子版，请您将数字或答案标为“红色”。
3. 请根据您在工作中的实际情况回答下面的问题，本问卷并非测验，没有标准答案，也无所谓对、错、好、坏之分，我们只想了解您的真实感受，请您如实填写。

第一部分　基本信息

请根据您的实际情况在适合的数字上画“√”，或将答案直接标为“红色”。

1. 您的性别：①男；　②女。

2. 您的年龄：①30 岁（含）以下；　②31~40 岁；　③41~50 岁；　④51~60 岁；　⑤61 岁（含）以上。

3. 您的婚姻状况：①未婚；　②已婚；　③其他。

4. 您的学历：①初中及以下；　②高中、中专；　③大专；④本科；　⑤硕士及以上。

5. 您的工龄：①1 年（含）以下；　②2~5 年；　③6~10 年；　④10 年（含）以上。

6. 您的职位：①普通员工；　②基层管理人员；　③中层管理人员。④高层管理人员；　⑤其他。

7. 您所在企业的性质：①　国有企业；　②事业单位；　③民营企业；　④外商独资企业；　⑤中外合资企业。

8. 您所在企业的规模：①100 人以下；　②101~500 人；③501~1000 人；　④1001~2000 人；　⑤2000 人以上。

9. 您的工作性质：①市场类（包括销售、客服、市场人员等）；　②技术类（包括产品开发、技术支持等）；　③制造类(包括生产、采购、物流、计划、库管、质量工程人员等)；　④行政支持和服务类（包括人力资源、财务、行政、文秘、后勤等)。

第二部分

请根据您在工作中的实际感受进行选择，在相应答案的数字上画“√”，电子版请将答案对应的数字标为“红色”。其中，1 表示非常不同意；2 表示比较不同意；3 表示不能确定；4 表示比较同意；5 表示非常同意。

项目内容	非常不同意	比较不同意	不能确定	比较同意	非常同意
1. 我担心自己在主动辞职之前就被迫离开这份工作。	1	2	3	4	5
2. 在未来一年里，我有被辞退的风险。	1	2	3	4	5
3. 我为自己在不久的将来失去现在的工作而感到不安。	1	2	3	4	5
4. 在这个组织中，我未来的职业前景是很好的。	1	2	3	4	5
5. 我觉得公司不久能为我提供富有激励性的工作内容。	1	2	3	4	5
6. 我相信公司在未来也需要我的能力和才华。	1	2	3	4	5
7. 在这个组织中，我收入的增长是有希望的。	1	2	3	4	5

第三部分

请根据您在工作中的实际感受进行选择，在相应答案的数字上画“√”，电子版请将答案对应的数字标为“红色”。其中，1 表示非常不符合；2 表示比较不符合；3 表示不确定；4 表示比较符合；5 表示非常符合。

项目内容	非常不符合	比较不符合	不能确定	比较符合	非常符合
1. 我的工作使我觉得坐立不安。	1	2	3	4	5
2. 工作上的问题常使我难以入眠。	1	2	3	4	5
3. 在工作时我常感到神经紧张。	1	2	3	4	5
4. 通常我有胃酸过敏的困扰。	1	2	3	4	5
5. 我发现要早起是有困难的。	1	2	3	4	5
6. 如果换个工作可能有助于我的健康。	1	2	3	4	5
7. 在工作时我会觉得软弱无力，无精打采。	1	2	3	4	5
8. 我觉得在部门里我是有用且极为重要的人。	1	2	3	4	5
9. 在工作时我会觉得脾气比平时暴躁。	1	2	3	4	5
10. 在工作时我会觉得情绪低落，闷闷不乐。	1	2	3	4	5
11. 我对未来充满希望。	1	2	3	4	5
12. 我觉得我在目前的职位上工作极为成功。	1	2	3	4	5
13. 我觉得我目前的工作对部门极为重要。	1	2	3	4	5
14. 我觉得在此职位上工作极能发挥我的才能。	1	2	3	4	5

第四部分

请根据您在工作中的实际感受进行选择，在相应答案的数字上画“√”，电子版请将答案对应的数字标为“红色”。其中，1 表示非常不符合；2 表示比较不符合；3 表示不能确定；4 表示比较符合；5表示非常符合。

项目内容	非常不符合	比较不符合	不能确定	比较符合	非常符合
1. 工作让我感觉身心疲惫。	1	2	3	4	5
2. 工作一天后，我感觉精疲力竭。	1	2	3	4	5
3. 早晨起床不得不去面对一天的工作时，我感觉非常累。	1	2	3	4	5
4. 整天工作对我来说确实压力很大。	1	2	3	4	5
5. 工作让我有快要崩溃的感觉。	1	2	3	4	5
6. 自从开始干这份工作，我对工作越来越不感兴趣。	1	2	3	4	5
7. 我对工作不像以前那样热心了。	1	2	3	4	5
8. 我怀疑自己所做的工作的意义。	1	2	3	4	5
9. 我对自己所做的工作是否有贡献越来越不关心。	1	2	3	4	5
10. 我能有效地解决工作中出现的问题。	1	2	3	4	5
11. 我觉得我在为单位作有用的贡献。	1	2	3	4	5
12. 在我看来，我擅长自己的工作。	1	2	3	4	5
13. 当完成工作上的一些事情时，我感到非常高兴。	1	2	3	4	5
14. 我完成了很多有价值的工作。	1	2	3	4	5
15. 我自信能有效地完成各项工作。	1	2	3	4	5

本问卷到此结束，请您进一步核对是否有题目遗漏未答，再次感谢您的支持与配合，祝您工作顺利、生活愉快！

员工体验调查问卷 2

尊敬的女士/先生：

您好！

首先对您在百忙之中抽出珍贵的时间填写问卷表示最诚挚的感谢！

本问卷调查数据纯粹为学术研究所用，旨在获得真实的研究数据。问卷采用匿名的方式作答，您填写的内容将不会披露给您本人以外的任何企业和个人，请放心作答，您的答案将直接关系到研究结果的准确性，希望得到您的帮助。

谢谢您的配合与鼎力相助，祝您身体健康、工作顺利、生活幸福！

指　导　语

1. 本问卷调查分为四个部分，第一部分为个人的基本情况；其他三个部分为学术论文相关变量问卷。
2. 请根据您在工作中的实际情况回答下面的问题，本问卷并非测验，也不涉及好坏对错之分，只想了解您的真实感受，为保证数据的有效性，无需过多考虑答案，也无需考虑问题之间的关系。请您如实填写。
3. 请您在最符合您的想法、感觉及行为相应的数字上画“√”，若为电子版，请您将符合你的数字或答案标为“红色”。

第一部分　个人基本信息

请根据您的实际情况在对应的内容上打“√”，或将答案直接标为“红色”。

1. 您的性别：□男　□女
2. 您的年龄：□20 岁及以下　□21～25 岁　□26～30 岁　□30 岁以上
3. 您的婚姻状况：□未婚　□已婚
4. 您的教育程度：□大专及以下　□本科　□硕士及以上
5. 您的职位：□普通员工　□基层管理人员　□中层管理人员　□高层管理人员　□政府部门　□事业单位　其他________
6. 您的工龄：□ 1 年（含）以下　□ 1～2 年　□ 2～3 年　□ 3 年以上
7. 您所在企业性质：□国有企业　□民营企业　□外资或合资企业　其他________
8. 您所在行业：□制造业　□金融银行业　□房地产建筑业　□IT、通信行业　□医药业　其他________
9. 您的工作性质：
   □市场类（包括销售、客服、市场人员等）
   □技术类（包括产品开发、技术支持人员等）
   □制造类（包括生产、采购、物流计划、质量工程人员等）
   □行政支持和服务类（包括人力资源财务、后勤、行政、证券、文秘等）
10. 您所在单位的规模：□50 人及以下　□51～100 人　□101～500 人　□501 人以上

第二部分

请根据您在工作中的实际感受进行选择，在相应答案的数字上打“√”，电子版请将答案对应的数字标为“红色”。其中：1 表示非常不同意；2 表示比较不同意；3 表示不确定；4 表示比较同意；5 表示非常同意。

序号	题　目	非常不同意	比较不同意	不确定	比较同意	非常同意
Q1	我担心自己在主动辞职之前就被迫失去这份工作。	1	2	3	4	5
Q2	在未来一年里，我可能有被辞退的风险。	1	2	3	4	5
Q3	我为自己在不久的将来可能会失去现在的工作而感到不安。	1	2	3	4	5
Q4	在这个组织中，我未来的职业前景是很好的。	1	2	3	4	5
Q5	我觉得公司在不久的将来会为我提供富有激励性的工作内容。	1	2	3	4	5
Q6	我相信公司在未来需要我的能力和才华。	1	2	3	4	5
Q7	在这个组织中，我收入的增长是有希望的。	1	2	3	4	5

第三部分

请根据您在工作中的实际感受进行选择，在相应答案的数字上打“√”，电子版请将答案对应的数字标为“红色”。其中：1 表示非常不同意；2 表示比较不同意；3 表示不确定；4 表示比较同意；5 表示非常同意。

序号	题　目	非常不同意	比较不同意	不确定	比较同意	非常同意
Q1	我常常有辞去目前工作的想法。	1	2	3	4	5
Q2	在未来的一年里，我可能会离开现在的公司另谋高就。	1	2	3	4	5
Q3	我计划在现在的公司作长期的职业发展。	1	2	3	4	5
Q4	假如我继续待在本公司，我的前景可能不会很好。	1	2	3	4	5

第四部分

请根据您在工作中的实际感受进行选择，在相应答案的数字上打“√”，电子版请将答案对应的数字标为“红色”。其中：1 表示非常不同意；2 表示比较不同意；3 表示不确定；4 表示比较同意；5 表示非常同意。

序号	题　目	非常不同意	比较不同意	不确定	比较同意	非常同意
Q1	令人高兴的事情发生时，我会表达自己的愉悦之情。	1	2	3	4	5
Q2	当目标实现的时候，我会感到很快乐、满足。	1	2	3	4	5

续表

序号	题　目	非常不同意	比较不同意	不确定	比较同意	非常同意
Q3	当成功的时候，我会很高兴。	1	2	3	4	5
Q4	参加聚会的时候，我会尽情表达自己的快乐。	1	2	3	4	5
Q5	当孤独的时候，我能让自己远离沮丧。	1	2	3	4	5
Q6	面对尖锐的批评，我能不让自己垂头丧气。	1	2	3	4	5
Q7	未获得应得的赞赏时，我能够减轻心中的失落感。	1	2	3	4	5
Q8	面对困难，我能够不退缩、不气馁。	1	2	3	4	5
Q9	当被父母或者身边重要的人斥责时，我能够管理好自己的消极情绪。	1	2	3	4	5
Q10	当别人不断为难我的时候，我能够避免让自己沮丧。	1	2	3	4	5
Q11	碰到败兴的事情后，我能够很快摆脱恼怒的情绪。	1	2	3	4	5
Q12	当生气的时候，我能够避免勃然大怒、不让自己失去控制。	1	2	3	4	5

本问卷到此结束，请您再仔细检查是否有题目遗漏未答，再次感谢您的支持与配合，祝您工作顺利、生活愉快！

参 考 文 献

[1] 白玉苓．工作压力、组织支持感与工作倦怠关系研究——以服装产业知识型员工为例．首都经济贸易大学学报，2010 (9)．

[2] 白玉苓．工作压力与工作倦怠关系研究——以服装企业知识型员工为例．北京工商大学学报，2010，25 (3)．

[3] 卞冉，龙立荣．工作倦怠的理论与测量．人类工效学，2004，3 (10)．

[4] 陈志霞，廖建桥．知识员工工作压力源的主成分因素结构分析．工业工程与管理，2005，26 (4)：26-30.

[5] 陈子彤，刘玉燕．知识型员工工作压力与工作倦怠关系的实证研究．科学学与科学技术管理，2008 (12)：157-161.

[6] Duane P Schultz，Sydney Ellen Schultz. 工业与组织心理学．时勘，等，译．北京：中国轻工业出版社，2004.

[7] 冯冬冬，陆昌勤，萧爱玲．工作不安全感与幸福感、绩效的关系：自我效能感的作用．心理学报，2008，40 (4)：448-455.

[8] 胡三嫚．工作不安全感及其对组织结果变量的影响机制．华中师范大学学位论文，2008.

[9] 胡三嫚，佐斌．工作不安全感及其对工作压力感、工作满意感和绩效的影响．中国临床心理学杂志，2007，15 (2)：142-145.

[10] 贾晓波，陈凤荣. 工作倦怠的测量及其干预研究综述. 心理与行为研究，2006，4 (1)：55-60.

[11] 顾远东．工作压力如何影响员工离职？——基于 Maslach 职

业倦怠模型的实证研究．经济管理，2010（10）．
［12］刘璞，谢家琳，井润田．国有企业员工工作压力与工作满意度关系的实证研究．中国软科学，2005（12）．
［13］刘小禹，章凯．情绪智力影响工作倦怠机制中工作压力的中介作用研究．西南师范大学学报，2008，33（3）．
［14］李永鑫．工作倦怠及其测量．心理科学，2003，26（3）：557.
［15］李永鑫，孟慧．工作倦怠结构研究进展．心理科学，2004，27（2）．
［16］李永鑫．工作倦怠的心理学研究．中国社会科学出版社，2008.
［17］李超平，时勘．分配公平与程序公平对工作倦怠的影响．心理学报，2003，35（5）．
［18］孟慧，田京，李永鑫，江漪敏．外向性和绩效：工作压力与工作倦怠的中介作用．人类工效学，2008，14（4）．
［19］裴利芳，王燕妮．工作倦怠的因素分析与研究发展述评．北京科技大学学报（社会科学版），2008，24（3）．
［20］邱婧．工作不安全感、组织支持感与离职倾向的关系研究．华东师范大学学位论文，2009.
［21］舒晓兵，孙建敏，史茜．工作压力研究：国内二十年的回顾与评析．中国工作压力研究重要学术会议，2010（6）．
［22］苏铭．通信行业员工工作压力现状分析与对策研究．西南交通大学学位论文，2008.
［23］舒晓兵，廖建桥．工作压力与工作效率理论研究述评．南开管理评论，2002（3）：20-23.
［24］苏文明，吴薇莉．企业员工工作倦怠归因研究．西华大学学报（哲学社会科学版），2007，6（26）．
［25］吴彤，廖建桥．浅论工作压力的效用．人类工效学，2000（3）：46-50.
［26］王晓春，甘怡群．国外关于工作倦怠研究的现状述评．心理科学进展，2003，11（5）：567-572.

[27] 温忠麟，侯杰泰，张雷．调节效应与中介效应的比较和应用．心理学报，2005，37（2）：268-274.

[28] 温忠麟，张雷，侯杰泰，刘红云．中介效应检验程序及其应用．心理学报，2004，36（5）：614-620.

[29] 徐长江，时勘．工作倦怠：一个不断扩展的研究领域．心理科学进展，2003，11（6）：680-685.

[30] 陈晓萍，徐淑英，樊景立．组织与管理研究的实证方法．北京：北京大学出版社，2008．

[31] 颜爱民，王维雅．中小民营企业基层员工工作压力与工作满意度的实证研究．管理学报，2007，4（2）．

[32] 杨国枢，黄国光，杨中芳．华人本土心理学．重庆：重庆大学出版社，2008．

[33] 杨燕绥，赵建国．灵活用工与弹性就业机制．北京：中国劳动社会保障出版社，2006.

[34] 张慧．企业员工一般自我效能感、工作压力和工作态度的相关研究．东北师范大学学位论文，2008.

[35] 张勉，张德．Price-Mueller 离职模型．管理学报，2009（9）．

[36] 张萍，张敏，卢家楣．情绪调节自我效能感量表在中国大学生中的试用结果分析．中国临床心理学杂志，2010（5）．

[37] 张庆华．高中生情绪调节自我效能感与家庭功能、学校人际环境的关系研究．沈阳师范大学学位论文，2011.

[38] 张淑敏．情绪调节自我效能感、人际关系自我效能感和高中生生活满意度的关系及干预方案设计．天津师范大学学位论文，2012.

[39] 张韫黎，陆昌勤．挑战性—阻断性压力（源）与员工心理和行为的关系：自我效能感的调节作用．心理学报，2009（6）．

[40] 郑皓政．量化研究与统计分析——SPSS 中文视窗版数据分析范例解析．重庆大学出版社，2009.

[41] 中国青年网．2012 年中国薪酬白皮书发布 80、90 后离职，

http: //news. youth. cn/gn/201205/t20120518_ 2186618. htm.

[42] Allen, N., Meyer, J. P. Organizational socialization tactics: A longitudinal analysis of links to newcomers' commitment and role orientation. Academy of Management Journal, 1990, 33: 848-857.

[43] Allen, N. J., Meyer, J. P. The measurement and antecedents of affective, continuance and normative commitment to the organization. Journal of Occupational Psychology, 1990, 63: 1-18.

[44] Allen, N. J., Meyer, J. P. Affective, continuance, and normative commitment to the Organization: An Examination of Construct Validity. Psychological Bulletin, 1990.

[45] Anders Sjberg. The Interactive effect of job involvement and organizational commitment on job turnover revisited: A note on mediating role of turnover intention. Scandinavian Journal of Psychology, 2000, 41(3): 247-252.

[46] Andrea, E. C., Griffin, A. C. Srikanth G. Newcomer and organizational socialization tactics: An interactionist perspective. Human Resource Management Review, 2000, 10(4): 453-474.

[47] Asad, N., Khan, S. Relationship between job-stress and bornout: Organizational support and creativity as predictor variables. Pakistan Journal of Psychological Research, 2003, 18.

[48] Ashford, S. J., Black, J. S. Proactivity during organizational entry: The role of desire for control. Journal of Applied Psychology, 1996.

[49] Ashford, S. J., Blatt, R., Vande Walle, D. Reflections on the looking glass: A review of research on feedback seeking in organizations. Journal of Management, 2003.

[50] Barling, J., Dpre, K. E., Hepburn, C. G. Effects of parents' job insecurity on children's work beliefs and attitudes. Journal of Applied Psychology. 1998, 83(1): 112-118.

[51] Bauer, T. N., Bodncr, T., Erdogan, B., Truxillo, D. M., Tucker, J. S. Newcomer adjustment during organizational socialization: A

meta-analytic review of antecedents, outcomes, and methods. Journal of Applied Psychology,2007,92:707-721.

[52] Becker, H. S. Notes on the concept of commitment. American Journal of Sociology,1960,66:32-42.

[53] Borycki, C., Thorn, R. G., Lemaster, J. Job satisfaction and organizational commitment—A comparison of United States and Mexico employees. International Journal of Commerce and Management,1998:7-25.

[54] Buchanan, B. Building organizational commitment—The socialization of managers in work organizations. Administrative Science Quarterly,1994,19(3):533-546.

[55] Buchko, A. A., Weinzimmer, L. G., Sergeyev, A. V. Effects of cultural context on the antecedents, correlates, and consequences of organizational commitment—A study of Russian workers. Journal of Business Research,1998,43(3):109-116.

[56] Bultena, C. D. Social exchange under fire: Direct and moderated effects of job insecurity on social exchange. University of North Texas. Unpulished doctoral dissertation,1998.

[57] Compas, B. E., Connor-Smith, J. E., Saltzman, H., Thomsen, A. H., Wadsworthm, E. Coping with stress during childhood and adolescence: Problems, progress and potential in theory and research. Psychological Bulletin,2001,27(1):87-127.

[58] Chirumbolo, A., Hellgren, J. Individual and organizational consequences of job insecurity: A European study . Economical and Industrial Democracy,2003,24(2):217-240 .

[59] Maslach, C. Jackson, S. E. The measurement of experienced burnout. Journal of Occupational Behaviour,1981,2(2):99-113.

[60] Cuyper, N. D., Notelaters, G., Witte, H. D. Job insecurityand employability in fixed-term contractors, agen-cy workers, and permanent workers: Associations with job satisfaction and affective organizational commitment. Journal of Occupational Health

Psychology,2009,14(2):193-205 .

[61]Cuyper,N. D. ,Oettel,C. B. ,Berntson,E. et al. Employ ability and employees well-being: Mediation by jobinsecurity. Applied Psychology:An international review,2008,57(3):488-509 .

[62]Efraty,D. Sirgy,M. J. The effects of quality of working life (QWL) on employee behavioral responses. Social Indicators Research, 1990,22(1) .

[63] De Witte, H. , Naswall, K. " Objective " vs. " Subjective " job insecurity: Consequences of temporary work for job satisfaction and organizational commitment in four European countries. Economic and Industrial Democracy,2003(24):209-312.

[64]Edmondson,A. Psychological safety and learning behavior in work teams. Administrative Science Quarterly,1999,44:350-383.

[65] Elit, L. , Trim, K. , Mand-Bains, I. H. , Sussman, J. , Grunfeid, E. Job satisfaction, stress and burnout among Canadian. Gynecologic Oncology,2004,94:134-139.

[66] Eishenberger, R. , Armeli, S. , Rexwinkel, B. , Lynch, P. D. , Rhoades,L. Reciprocation of Perceived Organizational Support. Journal of Applied Psychology,2001,86:42-51.

[67] Chang, E. Career commitment as a complex moderator of organizational commitment an turnover intention. Human Relations,1999,52(10):1257-1278.

[68] Gouldner, A. W. The norm of reciprocity, A preliminary statement. American Sociological Review,1960,25(2):161-178.

[69] Greenhalgh, L. , Rosenblatt, Z. Job security: Toward conceptual clarity. Academy of Management Review,1984,9(3):438-448.

[70]Harden,R. M. Stress,pressure and burnout in teachers:Is the swan exhausted. Medical Teacher,1999,21(3):245-247.

[71]Hellgren,J. ,Sverke,M. ,Isaksson,K. A tow-dimensional approach to job insecurity:Consequences for employee attitudes and well-being. European Journal of Work and Organizational Psychology.

1999,8(2):179-195.

[72] Hendrix, W. H., Summers, T. P., Leap, T. L., Steel, R. P. Antecedents and organizational effectiveness outcomes of employee stress and health. In Rick Crandall and Pamela L Perrewe, Occupational Stress: A Handbook, 1995: 100-110.

[73] House, J. S. Work stress and social support. Reading, MA: Addison Wesley, 1981.

[74] Hunagry, B. Parental attachment, reverse culture shock, perceived social support, and college adjustment of missionary children. Journal of Psychology and Theology, 2001, 29(3): 246-264.

[75] Johnson, A. T. A comparison of employee assistance programs in corporate and government organizational contexts. Review of Public Personnel Administration, 1986, 6(2): 28-41.

[76] Jones, G. R. Psychological orientation and the process of organizational socialization: An interactionist perspective. Academy of Management Review, 1983, 8: 464-474.

[77] Kanter, R. M. Commitment and social organization: A study of commitment mechanisms in utopian communities. American Sociological Review, 1968(33): 499-517.

[78] Kaplan. Support Systems and Community Mental Health. New York: Behavioral Publications, 1974.

[79] Kammeyer-Mueller, J. D., Wanberg, C. R. Unwrapping the organizational entry process: Disentangling multiple antecedents and their pathways to adjustment. Journal of Applied Psychology, 2003, 88: 779-794.

[80] Kammeyer-Mueller, J. D., Wanberg, C. R., Glomb, T. M., Ahlburg, D. The role of temporal shifts in turnover processes: It's about time. Journal of Applied Psychology, 2005, 90: 644-658.

[81] Kelly, J. R., Barsade, S. G. Mood and emotions in small groups and work teams. Organizational Behavior and Human Decision Processes, 2001, 86: 99-130.

[82] Ko, J. W. , Price. J. L. , Mueller, C. W. Assessment of Myer and Allen's Three-Component model of organizational commitment in South Korea. Journal of Applied Psychology, 1997, 82 (6): 961-973.

[83] Lee, R. T. , Ashforth, B. E. A meta-analytic examination of thecorrelates of the three dimensions of job burnout. Journal of Applied Psychology, 1996, 81: 123-133.

[84] Mantler, J. , Matejicek, A. , Matheson, K. , Anisman, H. Coping with employment uncertainty: A comparison of employed and unemployed workers. Journal of Occupational Health Psychology, 2005, 10(3): 200-209.

[85] Mohr, G. B. The changing significance of different stressors after the announcement of bankruptcy: A longitudinal investigation with special emphasis on job security. Journal of Organizational Behavior, 2000, 21(3): 337-359.

[86] Maslach, C. , Jackson, S. The measurement of experienced burnout. Journal of Occupational Behaviour, 1981, 2: 99-113.

[87] Mauno, S. , Kinnunen, U. Job insecurity and well-being: A longitudinal study among male and female empolyees in Finland. Community, Work & Family, 1999, 2(2): 147-171.

[88] Westman, M. , Etzion, D. , Danon, E. Job insecurity and crossover of burnout in married couples. Journal of Organizational Behavior, 2001(22): 467-487.

[89] Hagerty, M. R. , Cummins, R. A. , Ferriss, A. L. , et al. Quality of life indexes for national policy: review and agenda for research. Social Indicators Research, 2001, 55(1).

[90] Moore, J. E. One road to turnover: An examination of work exhaustion in technology professionals. MIS Quarterly, 2000, 24 (1): 141-175.

[91] Naswall, K. , Sverke, M. , Hellgren, J. The moderating role of personality characteristics on relation between job insecurity and

strain. Work & Stress,2005(19):37-49.

[92] Ostroff, C., Kozlowski, S. W. J. Organizational socialization as a learning process: The role of information acquisition. Personnel Psychology,1992,45:849-874.

[93] O'Reilly, C. F., Chatmen, J. Organizational commitment and psychological attachment—The effects of compliance, identification, and internalization on prosocial behavior. Journal of Applied Psychology,1986,71(1):492-499.

[94] Perry-Smith, J. E., Bulm, T. C. Work-family human resource bundles and perceived organizational performance. Academy of Management Journal,2000,43.

[95] Pfeffer, J., Baron, J. N. Taking the workers back out: Recent trends in the structuring of employment. Research in organizational behavior,1998,10:257-303.

[96] Probst, T. M. Development and validation of the job security index and the job security satifaction scale: A classical test theory and IRT approach. Journal of Occupational and Organizational Psychology,2003,76:451-467.

[97] Reiehers, A. E. An interactionist perspective on newcomer socialization rates. Academy of Management Review, 1987, 12: 278-287.

[98] Douthitt, R. A., Macdonald, M. Mullis, R. The relationship between measures of subjective and economic well-being: A new look. Social Indicators Research,1992,26(4).

[99] Rocha, C., Crowell, J. H., Mccarter, A. K. The effects of prolonged job insecurity on the psychological well-being of workers. Journal of Sociology & Social Welfare,2006,33(3):9-28.

[100] Rosenblatt, Z., Talmud, I., Ruvio, A. A gener-based framework of the experience of job insecurity and its effects on work attitudes. European Journal of Work and Organizational Psychology,1999,8 (2):197-217.

[101]Roskies, E, Louis-Guerin, C. Job insecurity in managemers: Antecedents and consequences. Journal of Organizational Behavior, 1990, 11(5):345-359.

[102]Saks, A. M. The Relationship between the amount and helpfulness of entry training and work outcomes. Human Relations, 1996, 49(4):429-451.

[103]Sarason . The role of social support in the stressor-strain relationship: An examination of work family conflict. Journal of Management, 1983(25):513-540.

[104]Sass, J. E., Canary, D. J. Organizational commitment and identification, An examination of conceptual and operational convergence. Western Journal of Speech Communication, 1991, 55(3):275-293.

[105] Saxason, B. R., Sarason, I. G. Pierce, G. R. Social Support: An interactional view. New Work: John Wiley & Sons, 1990.

[106] Sarason, B. R., Pierce, G. R., Shearin, E. N., Sarason, I. G., Waltz, J. A., Poppe, L. Perceived social support and working models of self and actual others. Journal of Personality and Social Psychology, 1991, 60:273- 287.

[107] Schein, E. H. Career dynamics: Matching individuals and organizational needs. Reading, MA: Addison-Wesley, 1978.

[108]Schein, E. H., Bennis, W. Personal and organizational change via group methods. New York:Wiley, 1965.

[109] Schein, E. H. Organizational socialization and the profession of management. Industrial Management Review, 1968, 9:1-16.

[110]Scollon, C., Diener, E., Oishi, S., Biswas-Diener, R. An experience sampling and cross-cultural investigation of the relation between pleasant and unpleasant affect. Cognition and Emotion, 2005, 19:27-52.

[111] Shore, L. M., Wayne, S. J. Commitment and employee behavior, Comparison of affective commitment and continuance commitment

with perceived organizational support. Journal of Applied Psychology, 1993, 79(5): 774-780.

[112] Shumaker, S. A., Browenell, A. Toward a theory of social support: Closing conceptual gaps. Journal of Social Issues, 1984, 40(4): 11-36.

[113] Sheldon, M. E. Investment and involvement as mechanism reoducing commitment to the organization. Administrative Science Quarterly, 1971, 16(2): 143-150.

[114] Siegrist, J. Adverse health effects of High-Effort/Low-Reward Conditiond. Journal of Occupational Health Psychology, 1996(1): 27-41.

[115] Siu, O. L., Spector, P. E., Cooper, C. L., Lu, C. Q. Work stress, self-efficacy, Chinese work values and work well-being in Hong Kong and Beijing . International Journal of Stress Management, 2005, 12(3): 274-288 .

[116] Siu, O. L., Lu, C. Q., Spector, P. E.. Employee's well-being in Greater China: The direct and moderating effects of general self-efficacy . Applied Psychology: An International Review, 2007, 56(2): 288-301 .

[117] Stewart, G. L. Team stature and performance: Assessing the mediating role of intra team process and the moderating role of task type. Academy of Management Journal, 2000, 43(2): 135-148.

[118] Sverke, M., Hellgren, J. The nature of job insecurity: Understanding employment uncertainty on the brink of a new millennium. Applied Psychology: An international review, 2002, 51(1): 23-42.

[119] Sverke, M., Hellgren, J., Naswall, K. No security: A meta-analysis and review of job insecurity and its consequences. Journal of Occupational Health Psychology, 2002, 7(3): 242-264.

[120] Thoits, P. A. Stress, coping, and social processes: Where are we?

What next. Journal of Health and Social Behavior, 1995, 35: 53-79.

[121] Treiandis, H. C., Bonternpor Villareal, M. J. Individualism and collectivism: Cross-cultural perspectives on self in group relationships. Journal of Personality and Social Psychology, 1988, 34: 323-338.

[122] Trice, H. M., Beyer, J. M. Employee assistance programs: Blending performance-oriented and humanitarian ideologies to assist emotionally disturbed employees. Research in Community Mental Health, 1984, 4: 245-297.

[123] Valerie Møller. Resilient or resigned? Criminal victimisation and quality of life in south africa. Social Indicators Research, 2005, 72 (3).

[124] Vander Poel, M. Delineating personal support networks. Social Networks, 1993, 15(1): 49-70.

[125] Van Maanen, J. Sehein, E. H. Toward a theory of Organizational Socialization. Staw, B. M. Research in organizational behavior, JAI Press, 1996: 209-264.

[126] Wanberg, C. R., Kammeyer-Mueller, J. D. Predictors and outcomes of proactivity in the socialization process. Journal of Applied Psychology, 2000, 85: 373-385.

[127] Weiss, H. M., Cropanzano, R. Affective events theory: A theoretical discussion of the structure, causes and consequences of affective experiences at work. Research in Organizational Behavior, 1996, 18: 1-74.

[128] Weiss, S., Baker. G. S., Das Gupta, R. D. Vibrational residual stress relief in a plain carbon steel weldment. Welding Journal, 1976(55): 47-51.

[129] Witt, H. D. Job insecurity and psychological well-being: Review of the literature and exploration of someunresolved issues . European Journal of Work and Organizational Psychology, 1999, 8 (2):

155-177.

[130]Wong, Y. T. , Wong, C. S. , Ngo, H. Y. , Lui, H. K. Different responses to job insecurity of Chinese workers in joint ventures and state-owned enterprises . Human Relations, 2005, 58 (11): 1391-1418 .

[131]Woodruff, S. L. , Cushman, J. F. Task, domain, and general efficacy: A reexamination of the Self-efficacy Scale. Psychological Reports, 1993, 72(2):423-432.

[132]Zapf, D. , Seifert, C. , Schmutte, B. , Mertini, H. Emotion work and job stressors and their effects on burnout. Pshcology and Health, 2001, 16.